독해의 중요성

독해의 정의

글을 읽어 이해하는 것을 '독해'라고 합니다. 문자 언어로 되어 있는 정보를 읽고 이해하는 능력 없이는 어떤 학습도 제대로 해낼 수 없습니다. 독해는 모든 학습의 기초입니다.

독해의 과정

글의 내용을 이해하는 데에 그치지 않고 스스로 비판하며 읽는 능력을 키웁니다. 본 교재는 글을 읽고 내용을 파악하는 '사실적 읽기'에서, 이해한 내용으로 자신의 생각을 정립하는 '비판적 읽기'로 나아갑니다.

독해의 방법

초등학생 때에는 여러 장르의 글을 읽어 배경지식과 글 읽는 방법을 습득하는 것이 좋습니다. 본 교재는 설명하는 글, 생각을 나타내는 글, 인물 이야기, 시, 동화와 같이 다양한 글을 정확하게 이해하는 데에 중점을 두었습니다. 구체적으로는, 핵심어와 주제 찾기, 내용 파악, 요약하기 등이 있습니다. 이렇게 파악한 내용을 바탕으로, 앞뒤 내용을 살펴 추론하기, 감상, 적용 등 다양한 문제를 풀어 나갈 수 있습니다.

초등 국어
독해력 비타민의 특징

학습 단계를 학습자 수준에 맞게 선택할 수 있습니다.

본 교재는 모두 여섯 단계로 구성되었습니다. 각 학년의 교육 과정과 연계하여 만들었으므로 자신의 학년에 맞는 단계를 선택하는 것을 권장합니다. 그러나 어린이 학습 능력에 따라 단계를 달리 선택할 수 있습니다.

다양한 장르와 폭넓은 소재에 대한 적응력을 기릅니다.

종합적인 독해 능력 향상을 위해 문학과 비문학의 글을 고루 실었고, 그 내용도 문화, 정치, 역사, 예술, 사회, 경제, 과학, 인물 등 다양합니다.

독해 방법을 쉽게 배울 수 있습니다.

핵심어 찾기, 주제 파악하기, 제목 짓기, 글 구조 이해하기 등 다양한 문제를 풀면서 독해 능력을 기를 수 있습니다.

자기 주도 학습을 할 수 있습니다.

매회 틀린 문제를 확인할 수 있도록 '자기 주도 학습 점검표'를 만들어 두었습니다. 어린이 스스로 본인의 부족한 면을 점검할 수 있습니다.

능동적인 글 읽기를 할 수 있습니다.

독해의 목표는, 글쓴이가 무슨 의도로 글을 썼는지 이해하는 것에서 출발하여, 자신의 생각을 바로 세우거나 상상의 날개를 펼치는 것까지입니다. 본 교재는 이 모든 측면을 고려하여 만들었습니다.

배경지식을 넓힐 수 있습니다.

글에 대한 이해력뿐 아니라 풍부한 지식이 있어야 독해를 잘할 수 있습니다. 본 교재는 다양한 주제의 글을 실어 글의 이해와 함께 글과 관련한 여러 지식을 쌓을 수 있도록 돕습니다.

지도 방법

본 교재는 기본적으로 어린이가 스스로 공부할 수 있도록 구성하였습니다.
그러나 부모님이나 교사가 지도하신다면 다음을 참고하세요.

1. 글의 종류 및 난이도에 따라 제시문을 배치했습니다.
집중적인 학습을 원한다면 한 장르를 모두 끝내고 다음 장르로 넘어가세요.
다양한 글에 대한 적응력을 키우고자 한다면 순서에 상관없이 여러 장르를
번갈아 학습해도 좋습니다.

2. 출제 의도에 따른 [자기 주도 점검표]가 있습니다.
점검표에서 틀린 항목을 골라 그 출제 의도가 무엇인지 설명해 주세요.

출제 의도

문제마다 출제 의도를 밝혀 이해를 돕고 있습니다.
제시문의 특성에 맞게 문제 유형을 달리하여 독해의 방향을 제시하였습니다.
즉각적인 피드백을 통해 학생의 강점과 약점을 파악하여
독해 전략을 세우는 데에 길잡이가 됩니다.

다음은 본 교재에 나오는 [출제 의도]에 따른 문제 유형의 예입니다.

핵심어	글에서 가장 중요한 낱말.	**어휘**	글에 나온 낱말 뜻.
제목	글 전체를 대표하는 이름.	**인물**	등장인물에 대한 이해.
주제	글의 중심 생각.	**배경**	글의 바탕인 시간과 장소.
요약	글의 주요 내용을 정리.	**구조**	글의 짜임.
줄거리	글의 내용을 순서대로 정리.	**표현**	비유와 상징의 이해.
적용	글의 내용을 다른 상황에 대입.	**추론**	글의 내용을 바탕으로 그 안에 숨은 뜻을 추측.
감상	글의 심도 있는 이해와 평가.		

초등 국어
독해력 비타민의 구성

회차

제시문 순서에 따라 회차 번호만 있을 뿐 글의 종류나 제목을 표시하지 않았습니다.
학습자의 상상력을 자극하여 적극적으로 읽는 습관을 기르기 위함입니다.

1회

틀린 문제 유형에 표시하세요.

☐ 인물　　☐ 어휘　　☐ 내용 파악

여우가 길을 급히 달려가다가 발을 잘못 디뎌 그만 우물에 빠졌습니다. 우물이 깊지는 않았지만 혼자서 빠져나올 수는 없었습니다. 그때 마침 염소 한 마리가 옆을 지나다가 우물을 들여다보았습니다. 염소는 몹시 목이 말랐습니다. 그래서 우물 속에 빠진 여우에게 물었습니다.

"여우야, 물맛이 어때?"

"기가 막히게 좋아. 너도 어서 내려와 마셔 봐."

여우는 마침 잘됐다고 생각하며 거짓말을 했습니다. 염소는 ㉠ 여우의 말을 곧이듣고 우물 속으로 뛰어내렸습니다. 물을 실컷 마신 염소는 여우와 마찬가지로 혼자서는 올라갈 수가 없었습니다.

"이걸 어쩌지, 올라갈 수가 없잖아."

"염소야, 걱정할 것 없어. 네 앞발을 우물 벽에 대고 뿔을 위로 세워 봐. 그럼 내가 먼저 네 등을 밟고 올라가서 내 꼬리를 내려줄게. 너는 그것을 물고 올라오면 돼."

염소는 여우가 시키는 대로 했습니다. 여우는 염소의 등과 뿔을 밟고 우물 밖으로 쉽게 빠져나갔습니다.

"여우야, 나도 빨리 올려줘."

"바보 같은 소리 그만해. 너는 무거워서 내가 끌어올릴 수 없어."

염소는 기가 막혀서 큰 소리로 말했습니다.

"그런 법이 어디 있어? 약속은 지켜야 할 거 아냐?"

그러나 여우는 고개를 돌린 채 걸어가며 말했습니다.

"㉡ 염소야, 네 턱에 난 수염만큼이라도 꾀가 있었다면, 다시 나올 방법을 살펴본 다음에 우물에 뛰어들었을 거야!"

(이솝 우화)

제시문

다양한 장르와 폭넓은 소재로 구성하였습니다.

1 이 글에 등장하는 인물을 모두 쓰세요. |인물|

_____ .

2 밑줄 친 ㉠은 어떤 뜻으로 쓰였나요? |어휘|

① 여우가 하는 말을 따라 하며.
② 여우가 하는 말을 의심하며.
③ 여우가 하는 말을 꼼꼼하게 따져 보고.
④ 여우가 하는 말을 그대로 믿고.
⑤ 여우의 말이 거짓말인 줄 알면서도.

출제 의도

문제마다 출제 의도를 표시하였습니다. 크게 사실적 읽기와 비판적 읽기로 구성하였습니다.

3 다음 문장을 읽고, 맞는 것에 O, 틀린 것에는 X 하세요. |내용 파악|

① 여우는 염소를 골탕 먹이려고 일부러 우물에 뛰어들었다. ( )
② 우물이 깊지 않아 여우는 혼자서 빠져나왔다. ( )
③ 염소는 여우에게 속아 우물에 뛰어들었다. ( )
④ 여우는 염소를 밟고 우물에서 빠져나왔다. ( )
⑤ 여우는 우물 밖에서 염소를 끌어 올려 주었다. ( )

배경지식

제시문을 이해하는 데 도움이 되는 지식, 제시문을 바탕으로 더 알아야 할 내용을 실었습니다.

'이솝'은 그리스의 작가입니다.
'우화'란 동물이나 식물이 주인공으로 등장하는 이야기입니다.
'이솝 우화'는 '이솝'이 쓴 '우화'를 말합니다.

비문학

초등 국어 독해력 비타민과
함께 시작하는

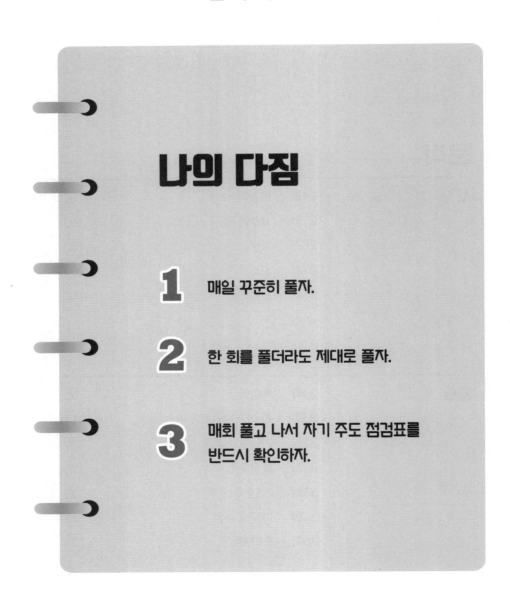

나의 다짐

1 매일 꾸준히 풀자.

2 한 회를 풀더라도 제대로 풀자.

3 매회 풀고 나서 자기 주도 점검표를
반드시 확인하자.

완전개정판

초등국어

6단계

독해력은 모든 학습의 기초!

독해력
비타민

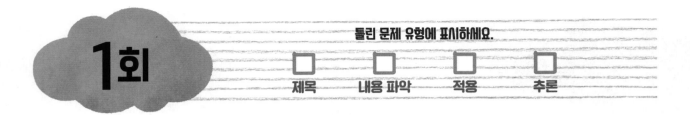

　'백미(白眉)'는 여럿 가운데에서 가장 뛰어난 것, 또는 그런 사람에 빗대어 나타내는 말이다.

　우리는 일상생활에서 '불고기는 한국 음식의 백미다.', '어제 발표회의 백미는 피아노 연주였다.'와 같은 방식으로 표현한다. 그런데 백미(白: 흰 백, 眉: 눈썹 미)를 글자 그대로 풀이하면 '흰 눈썹'이라는 뜻으로, 뛰어나다는 의미와는 전혀 관련이 없다.

　백미가 '여럿 가운데 가장 뛰어난 것'의 뜻을 지니게 된 까닭은 중국의 한 인물 때문이다. 중국이 '위, 촉, 오'라는 세 나라로 나뉘어 서로 싸우던 무렵, 촉나라에 '마량'이라는 사람이 살았다. 마량에게는 다섯 형제가 있었는데 이들은 모두 재능이 뛰어나 근처에서 그 형제를 모르는 사람이 없었다. 마량은 다섯 형제 중에서도 가장 뛰어났다. 그런데 마량은 어릴 때부터 눈썹이 희어서 사람들이 '백미'라 불렀다. 그래서 당시에 사람들이 마량을 두고 이렇게 말했다.

　"마씨 형제들은 모두 재주가 좋지만, 그중 백미가 가장 뛰어나다."

　당시 촉나라를 다스렸던 유비는 마량의 재주를 인정해서 그를 관원으로 임명했고, 이후 마량은 대신의 자리까지 올랐다.

　그 후 사람들은 '여러 사람 중에서 가장 뛰어난 사람', '작품 가운데 가장 뛰어난 것' 등을 칭찬할 때에 '백미'라는 표현을 사용했다.

* 관원: 관청(나랏일을 하는 곳)에서 나랏일을 맡아 하는 사람.　🕮 벼슬아치
* 대신: 옛날에 지위 높은 신하를 이르던 말.

---

1 빈칸에 알맞은 낱말을 넣어 이 글의 제목을 완성하세요. | 제목 |

☐☐ 의 유래

2 '백미'의 글자 그대로의 뜻과 새로 만들어진 뜻을 쓰세요. |내용 파악|

(1) | 글자 그대로의 뜻 |

_____

(2) | 새로 만들어진 뜻 |

_____

3 다음 중 '백미'의 뜻이 다른 것을 찾으세요. |적용|

① 운동회의 백미는 이어달리기다.

② 학예회의 백미는 아름이의 춤이었다.

③ 너의 골이 이번 축구 시합의 백미였어.

④ 오늘 반찬 중의 백미는 갈비찜이었다.

⑤ 나는 백미로 지은 밥보다 잡곡밥을 더 좋아한다.

4 다음 글을 읽고 '백미'와 같은 방식으로 만들어진 낱말이 <u>아닌</u> 것을 찾으세요. |추론|

> 뜻을 가진 두 낱말이 만나 새로운 뜻을 지닌 낱말을 만들기도 한다.

① 울릴 '효(嚆)'와 화살 '시(矢)'가 합쳐진 '효시'는, '소리 나는 화살'이라는 뜻이다. 예전에 전투를 시작할 때 소리 나는 화살을 쐈던 것에서 비롯하여 '어떤 일의 시작'을 뜻한다.

② '피'와 '땀'을 합한 글자 '피땀'은, '피와 땀'을 뜻하면서, 동시에 '무엇을 이루기 위해 애쓰는 노력과 정성'을 이르는 말로도 쓰인다.

③ '밤'과 '낮'을 합한 '밤낮'은, 글자 그대로 밤과 낮을 의미하는데 밤과 낮을 가리지 않는 '항상'이라는 뜻으로도 쓰인다.

④ 예전에는 잿물을 사용해 빨래를 했다. 그런데 외국 문물이 들어오면서 세제를 사용하게 되었다. 사람들은 세제를 '서양에서 받아들인 잿물'이라 하여 '양잿물'이라 불렀다.

⑤ 봄 '춘(春)'과 가을 '추(秋)'가 합쳐진 '춘추'는 '봄과 가을'을 의미하면서 '나이'라는 뜻을 지닌 낱말도 쓰인다. '춘추'는 어른의 나이를 높여 말할 때 쓰인다.

　　서양 속담에 "㉠ _____"라는 말이 있다. 이렇듯 우리는 놀이와 휴식이 없으면 지쳐서 일이나 공부를 오래 하기 힘들다.

　　우리 조상들도 노는 것을 아주 중요하게 생각했다. 예부터 선비들의 놀이를 '풍류'라고 불렀는데, 이는 '멋스럽게 놀거나 멋을 즐길 줄 아는 것'을 뜻한다.

　　옛날, 선비들은 삶이 아무리 고달파도 마음의 여유를 갖고 풍류를 즐겼다. 계절 따라 좋은 경치를 찾아 산이나 강을 돌아다녔다. 그러다가 멋진 풍경을 만나면 그곳에서 술을 마시며 시를 짓거나 그림을 그렸다. 풍류는 지친 몸과 마음을 잠깐 쉬게 할 여유도 찾고 공부를 위해 머리를 식히는 수단이었다.

　　활쏘기는 선비들이 심신을 단련하고 호연지기를 기르는 운동이었다. 우리나라 고유의 활쏘기를 '국궁'이라고 하는데, 이는 요즘 올림픽 등에서 하는 '양궁'과는 조금 다르다. 양궁은 조준기를 사용하며 30~90m 떨어진 과녁에 쏘지만, 국궁은 조준 장치 없이 145m 떨어진 과녁에 쏜다.

　　선비들이 풍류를 즐기려고 밖으로 돌아다니기만 한 것은 아니다. 집에서 글씨를 쓰고 그림도 그렸다. 이것을 '서화'라고 하는데, 자신의 감정을 아름다운 글씨와 그림으로 표현하였고, 이것들은 훌륭한 예술 작품이 되었다. 또 그림을 그리는 데에만 그치는 것이 아니라, 자신의 작품을 주변 사람들과 주고받으며 재능을 뽐냈다. 주변 사람들과 주고받은 글씨와 그림을 모아 '서화첩'을 만들기도 했다.

　　풍류에 빼놓을 수 없는 것이 바로 음악이다. 선비들은 거문고나 가야금, 대금 등을 연주하며 악기의 깊은 소리를 음미했다. 또 그 음악에 맞추어 춤을 추기도 하였다.

　　조상들이 남긴 글에는 생활에서 ㉡'시, 서, 금, 주'로 풍류를 즐겼다는 내용이 많다. 풍류를 통해 멋과 여유를 즐길 줄 알았던 우리 조상들의 슬기로운 삶을 엿볼 수 있다.

* 고달파도: 힘들고 괴로워도.
* 호연지기: 거침없이 넓고 큰 마음가짐.
* 조준: 화살, 총알, 포탄 따위가 목표물에 바로 맞도록 활이나 총 따위를 겨냥하는 것.
* 서화첩: 글씨와 그림을 모아 만든 책.

1 ㉠에 들어갈 말을 찾으세요. | 추론 |

① 우리는 놀기 위해 존재한다

② 한 번뿐인 인생, 즐기며 살자

③ 공부를 열심히 해야 성공할 수 있다

④ 일만 하고 놀지 않으면 바보가 된다

⑤ 꿈을 위해 최선을 다하면 꿈은 언젠가 꼭 이루어진다

2 '풍류'의 뜻을 찾아 쓰세요. | 내용 파악 |

_____

3 이 글에서, 옛 선비들이 즐겼던 풍류에 속하지 <u>않는</u> 것을 찾으세요. | 내용 파악 |

① 활쏘기

② 글 읽기

③ 악기 연주

④ 그림 그리기

⑤ 좋은 경치를 즐기는 일

4 ㉡에 대한 내용으로 바르지 <u>않은</u> 것을 찾으세요. | 배경지식 |

① '시': 경치가 좋은 곳에서 시를 짓고 읊는다.

② '서': 글씨를 써 주변 사람들과 주고받았다.

③ '금': 거문고나 가야금을 연주하며 음악을 즐겼다.

④ '주': 활을 쏘며 집중력을 길렀다.

에너지란 말은 그리스어로 '물체 내부에 간직되어 있는 일'이라는 뜻이다. 사람에게 쓰일 때는 사람이 활동하는 데 근원이 되는 힘, 즉 '사람이 일할 수 있는 능력'을 의미한다. 또 물체에 쓰일 때는 '물체가 지닌, 일을 할 수 있는 능력'을 말한다. 다시 말해 에너지란 '일을 할 수 있는 능력'으로 사람을 비롯해 우주에 존재하는 모든 것이 지니고 있다.

에너지는 종류가 많다. 위치 에너지, 운동 에너지, 빛 에너지, 열 에너지, 전기 에너지, 화학 에너지 등이 모두 에너지다. 높은 곳에 있는 물체가 지니는 에너지를 위치 에너지, 운동하는 물체가 지니는 에너지를 운동 에너지라고 한다. 또 빛을 내는 에너지를 빛 에너지, 물체의 온도를 변화시키는 에너지를 열 에너지라고 한다. 전기 에너지는 전기가 지니는 에너지이며, 화학 에너지는 화학 반응의 과정에서 생성되거나 흡수된 에너지를 말한다.

에너지는 한 가지 형태로 고정된 것이 아니라 형태를 여러 가지로 바꿀 수 있다. 즉 위치 에너지가 운동 에너지로 바뀔 수 있다. 예를 들어, 공중에서 공이 떨어진다고 하면, 그 공이 공중에 멈춰 있을 때는 위치 에너지만 가지고 있다. 하지만 그것을 공중에서 놓으면, 공의 위치 에너지가 운동 에너지로 바뀌어 바닥으로 떨어진다. 또 전기 에너지는 열에너지나 운동 에너지로 바뀔 수 있다. 전기 에너지를 난로에 쓰면 열에너지로 변하고, 선풍기에 쓰면 운동 에너지로 바뀐다.

그런데 특이한 것은, 에너지의 형태가 변해도 에너지의 양은 변하지 않는다는 점이다. 위에서 예로 들었던 공이 위에서 아래로 떨어지는 경우, 위치 에너지는 점점 줄어들고 운동 에너지는 차츰 증가한다. 이때 위치 에너지와 운동 에너지를 더하면 공이 떨어지는 어느 곳에서든 에너지의 총합은 같다. 이렇게 에너지는 형태만 달라질 뿐 없어지거나 새로 만들어지지 않고 에너지의 총량은 항상 일정하게 보존된다. 이런 원리를 가리켜 '에너지 보존 법칙'이라고 한다.

* 화학 반응: 두 가지 이상의 물질이 만나 화학 변화가 일어나서 다른 물질로 변하는 과정.
* 보존: 잘 보호하여 남아 있음.

1 이 글의 제목으로 가장 알맞은 것을 고르세요. | 제목 |

① 에너지의 의미

② 에너지의 종류

③ 에너지의 형태 변화

④ 에너지와 에너지 보존 법칙

⑤ 위치 에너지와 운동 에너지의 관계

2 이 글의 내용으로 맞는 것에는 O, 틀린 것에는 X 하세요. | 내용 파악 |

① 에너지는 다른 형태로 바뀌지 않는다.　　　　　　　　(　　　)

② 움직이는 물체는 모두 빛 에너지를 지닌다.　　　　　　(　　　)

③ 에너지의 형태가 변하면 에너지가 줄어든다.　　　　　　(　　　)

④ 우주에 존재하는 모든 것은 에너지를 지니고 있다.　　　(　　　)

3 이 글에 나오지 <u>않은</u> 내용은 무엇인가요? | 내용 파악 |

① 에너지의 뜻.

② 에너지의 종류.

③ 에너지 저장 방법.

④ 에너지 보존 법칙의 뜻.

⑤ 에너지의 형태가 변하는 예.

4 다음 글을 읽고 밑줄 친 에너지의 종류를 빈칸에 쓰세요. | 적용 |

> 　우리나라에서 가장 많은 발전량을 차지하는 발전 방식은 화력 발전이다. 화력 발전은 ① <u>석탄·석유를 태워서 얻은</u> ② <u>열</u>로 물을 데우고, 그 물에서 나온 고온·고압의 ③ <u>수증기가 터빈을 돌려</u> 여기에 연결된 발전기에서 ④ <u>전기를 만드는</u> 방식이다.
>
> * 터빈: 높은 압력의 물질을 날개에 부딪치게 하여 회전하는 힘을 얻는 기계.

① 화학 ➡ ② [　　　] ➡ ③ [　　　] ➡ ④ 전기

㉮ 동글동글한 얼굴에 새까만 눈. 눈을 깜빡깜빡할 때마다 눈동자는 반짝인다. 통통한 볼살과 포동포동한 팔다리. 아장아장 걸으며 깔깔 웃는다.

우리말에는 소리와 모양을 나타내는 말이 많다. 위 문장을 읽으면 작은 아이가 웃으며 걷는 모습이 떠오른다. 그런데 소리나 모양을 나타내는 말을 조금만 바꾸면 글의 느낌이 달라진다.

㉯ 둥글둥글한 얼굴에 시꺼먼 눈. 눈을 껌뻑껌뻑할 때마다 눈동자는 번쩍인다. 퉁퉁한 볼살과 푸둥푸둥한 팔다리. 어정어정 걸으며 껄껄 웃는다.

문장 ㉮와 ㉯는 비슷한 모습과 행동을 나타내지만, 글을 읽는 사람은 전혀 다른 느낌을 받는다. 문장 ㉮를 읽으면 작은 아이가 걸음마 하는 모습이 떠오른다. 그런데 문장 ㉯를 읽으면 어른이 성큼성큼 걷는 모습을 상상하게 된다.

두 글에서 서로 다른 말을 뽑아내어 짝을 지으면 다음과 같다.

양성 모음	음성 모음
동글동글한	둥글둥글한
깜빡깜빡할	껌뻑껌뻑할
통통한	퉁퉁한
아장아장	어정어정

양성 모음	음성 모음
새까만	시꺼먼
반짝인다	번쩍인다
포동포동한	푸둥푸둥한
깔깔	껄껄

앞 낱말에는 모음으로 'ㅏ', 'ㅗ'가 주로 쓰였다. 이 모음들은 밝고 작은 느낌을 준다. 반대로, 뒤에 쓰인 낱말의 'ㅓ', 'ㅜ'는 어둡고 큰 느낌을 준다. 이렇게 밝고 작은 느낌을 주는 모음을 '양성 모음', 어둡고 큰 느낌을 주는 모음을 '음성 모음'이라고 한다.

이처럼 우리말은 양성 모음과 음성 모음을 적절히 사용하면 자신이 말하려는 바를 훨씬 효과적으로 전달할 수 있다.

1 빈칸에 알맞은 말을 넣어 이 글의 제목을 지으세요. |제목|

_____ 과 _____

2 이 글과 거리가 먼 이야기를 한 사람은 누구인가요? |내용 파악|

① 진영: 'ㅏ'나 'ㅗ' 등을 양성 모음이라고 해.

② 수지: 흉내 내는 말은 모음을 어떻게 쓰느냐에 따라 느낌이 달라져.

③ 준호: 색을 나타내는 말도 모음을 어떻게 쓰느냐에 따라 느낌이 달라져.

④ 종혁: 자음을 바꾸어 쓰면 모음을 바꾸는 것보다 느낌이 훨씬 많이 달라져.

3 다음 표의 빈칸을 채워 이 글의 내용을 정리하세요. |내용 파악|

양성 모음		음성 모음
ㅏ, ㅗ	종류	
	느낌	어둡다
작다		

4 다음 글을 읽고 '모음 조화'가 이루어지지 않은 낱말을 찾으세요. |적용|

> '모음 조화'란, 뒤의 모음이 앞 모음의 영향으로 그와 같거나 가까운 소리로 되는 현상이다. 즉 양성 모음은 양성 모음끼리, 음성 모음은 음성 모음끼리 어울리는 현상이다.

① 알록달록   ② 주룩주룩   ③ 깡충깡충

④ 파닥파닥   ⑤ 덜컹덜컹

5 다음 낱말을 어둡거나 큰 느낌이 들도록 바꾸어 쓰세요. | 적용 |

(1) 콩콩 →

(2) 퐁당퐁당 →

(3) 파닥파닥 →

(4) 파랗다 →

6 이 글에 대한 설명으로 옳은 것을 찾으세요. | 추론 |

① 겪은 일을 자세히 썼다.

② 다양한 예를 들어서 내용을 쉽게 설명했다.

③ 우리말을 바르게 사용하자는 주장을 담고 있다.

④ 특별한 사람에게 개인적인 이야기를 전하는 글이다.

⑤ 설득력 있는 주장을 펴기 위해 전문가의 의견을 실었다.

7 다음을 양성 모음과 음성 모음으로 나누어 쓰세요. | 배경지식 |

| ㅏ | ㅑ | ㅓ | ㅕ | ㅗ | ㅛ |

| ㅘ | ㅜ | ㅠ | ㅐ | ㅔ | ㅝ |

양성 모음	음성 모음

현대를 사는 사람들은 수많은 광고에 노출되어 있다. 인터넷, 텔레비전, 신문, 잡지 등 일상생활 곳곳에서 다양한 광고를 보게 된다. '광고(廣告)'라는 말은 '널리 알린다'라는 뜻을 지니고 있다. 즉, 광고란 상품 등에 대한 정보를 매체를 통해 널리 알리는 활동이다.

광고는 크게 상품 광고, 공익 광고, 이미지 광고 등으로 나뉜다. 상품 광고는 상품 또는 서비스를 소비자에게 팔기 위해 알리는 것을 목적으로 만든다. 그래서 상품의 특징이나 이름 등을 강조한다. '전기를 아껴 쓰자', '일회용품 사용을 줄이자'처럼 나라와 국민 전체의 이익을 위해 만든 것은 공익 광고, 상품이나 기업에 대해 긍정적인 인상을 심어 줄 목적으로 만든 것은 이미지 광고다.

광고는 중세 유럽의 상인들이 물건을 판매하는 곳에 표시하던 것에서 시작되었다. 채소를 파는 상점에서는 채소를 그려 넣고, 생선을 파는 곳에서는 생선을 그려 넣은 것이 광고의 시작이라고 할 수 있다. 이후 신문이 발행되면서 본격적으로 광고가 시작되었고, 라디오와 텔레비전의 등장으로 광고가 발전하여 현대 사회에서 중요한 요소로 자리 잡았다. 광고는 자본주의와 함께 발전했다. 자신이 만든 물건을 널리 알려서 많이 팔아야 살아남는 자본주의 특성 때문이다.

광고의 대부분은 상품 광고가 차지한다. 기업은 광고를 통해 상품의 판매를 높이고, 소비자는 상품에 대한 정보를 얻는다. 그러기 위해 기업은 짧은 시간 안에 소비자의 관심을 끌 수 있도록 광고를 만든다. 짧은 글, 노래, 그림 등 효과적인 표현을 사용하여 사람들의 마음을 자극해 소비를 유도한다.

한편, 소비자에게 상품의 정보와 특징을 정확하게 알려 주는 것이 광고의 역할이지만, 모든 광고가 그러한 것은 아니다. 더 많은 물건을 팔기 위해 상품의 장점을 실제보다 부풀려 ㉠ _____ 광고를 하기도 하고, 사실이 아닌 자료나 정보를 제공한 ㉡ _____

* 중세: 역사의 시대 구분에서 고대와 근대 사이의 중간 시대. 유럽 역사에서는 5~15세기까지의 시기.

* 자본주의: 자본(돈, 땅, 공장 등 생산의 밑거름이 되는 것)을 가진 사람이 자유롭게 경쟁하며 생산 활동을 해서 이익을 얻는 경제 제도.

광고를 하기도 한다. 예를 들어, '세계 최고', '무조건', '매진 임박' 등의 표현은 실제와 다른 정보일 수 있다. 또 유명 연예인을 내세워 상품의 화려한 점만 보이고 소비자가 알아야 할 중요한 정보를 감춘 채 광고하기도 한다. 이렇게 광고에서 보여 준 정보를 그대로 받아들이면 소비자는 충동구매를 하거나 피해를 보게 된다.

그러므로 광고를 볼 때는 가격, 품질, 디자인 등 물건에 대한 정보를 바르게 제공하고 있는지, 의도는 무엇인지 잘 살펴보아야 한다. 그리고 과장되거나 거짓된 내용이 있는지, 감추고 있는 내용이 있는지도 따져 보아야 한다.

* 매진: 상품 따위가 다 팔림.
* 임박: 어떤 시기가 닥쳐옴.
* 충동구매: 물건을 살 생각이 없었으나 광고 등을 보고 마음이 흔들려 물건을 사는 것.

1 이 글에서 가장 중요한 낱말에 대한 설명입니다. 빈칸에 알맞은 낱말을 쓰세요. | 핵심어 |

- 상품이나 생각을 알려 관심을 끄는 것.
- 글, 그림, 노래 등을 사용하여 사람들을 설득하는 것.

2 이 글의 내용과 맞으면 O, 틀리면 X 하세요. | 내용 파악 |

① 광고의 뜻은 '널리 알린다'이다.   (   )

② 소비자는 광고를 통해 정보를 얻는다.   (   )

③ 광고는 자본주의 사회와 함께 발전했다.   (   )

④ 광고는 사람들에게 정확한 정보만 제공한다.   (   )

⑤ 광고를 볼 때는 보여 준 정보를 그대로 받아들인다.   (   )

3 다음 광고의 특징에 해당하는 것을 찾아 줄로 연결하세요. | 내용 파악 |

(1) 공익 광고 •

(2) 이미지 광고 •

(3) 상품 광고 •

• ㉠ 소비자에게 상품 또는 서비스를 팔기 위해 알리는 광고.

• ㉡ 기업이나 단체가 공공의 이익을 목적으로 하는 광고.

• ㉢ 상품이나 기업에 대해 긍정적인 인상을 심어 주려고 만든 광고.

4 빈칸 ㉠과 ㉡에 들어갈 낱말을 쓰세요. | 어휘 |

㉠

㉡

5 광고를 바르게 파악하기 위해 소비자가 생각해야 할 점은 무엇인가요? | 적용 |

① 광고를 만든 사람은 누구인가?

② 광고에 나오는 연예인은 누구인가?

③ 광고하는 상품을 파는 곳은 어디인가?

④ 광고하는 상품에 대해 어떤 정보를 주고 있는가?

⑤ 광고 제작 비용은 얼마이고, 어떤 매체에서 광고하는가?

6 다음 중 과장 광고의 사례가 <u>아닌</u> 것을 고르세요. | 적용 |

① 누구나 일등이 될 수 있습니다. '으뜸 속셈 학원'

② '다 붙어 접착제'는 무엇을 붙여도 절대 떨어지지 않습니다.

③ 한 번만 먹어도 감기가 뚝 떨어집니다. 종합 감기약 '나아라'

④ 한 달만 다니면 누구나 8kg을 뺄 수 있습니다. '우리 헬스클럽'

⑤ 몰래 버린 담배꽁초가 우리 산을 태웁니다. 환경을 지키는 '푸르미'

　무역이란 나라와 나라 사이에 물건을 사고파는 일이다. 나라마다 자연환경, 기술, 노동력, 자원 등이 달라, 각 나라는 무역을 통해 서로 필요한 것을 얻는다. 또, 더 값싸고 질 좋은 것을 사거나 팔아 이익을 얻으려고 경쟁하기도 한다. 따라서 각 나라는 자기 나라의 무역을 보호하고 발전시키기 위해 여러 정책을 펼치고 있다.

　무역 정책은 크게 보호 무역주의와 자유 무역주의로 나뉜다. 보호 무역주의란 자기 나라의 산업을 보호하기 위해, 수입 상품에 '관세'를 붙이거나 수입 품목, 수입량 등을 제한하는 정책이다. 관세란, 다른 나라에서 수입해 오는 물품에 붙는 세금을 말한다. 예를 들어, 외국 상품의 원래 가격이 10,000원이라면, 10%의 관세를 붙여 우리나라에서는 11,000원에 판매한다. 이처럼 관세가 붙으면 가격이 비싸지게 때문에 수입 상품을 사려는 사람이 줄어든다. 그러면 비슷한 상품을 생산하는 국내의 기업을 보호할 수 있다. 그런데 값싸고 품질 좋은 상품이 관세 없이 들어오면 외국 상품만 팔리게 되어 국내 기업이 어려워지고 우리 경제가 흔들릴 수 있다.

　자유 무역주의란 여러 나라와 물건을 사고팔 때, 국가가 아무런 간섭을 하지 않고 자유롭게 무역하도록 허용하는 것이다. 자유로운 무역을 원하는 나라들은 '자유 무역 협정(FTA)'을 맺는다. 자유 무역 협정이란 무역을 할 때 서로 관세를 붙이지 않는 등의 혜택을 주어 자유롭게 무역하자는 나라 간의 약속이다. 이 협정을 맺으면 소비자는 싸고 품질 좋은 외국 상품을 살 수 있고, 기업은 더 많은 상품을 수출할 수 있다. 즉, 수출과 수입이 더욱 활발하게 이루어진다. 하지만 협정을 맺은 나라에 비해 경쟁력이 낮은 자기 나라의 산업은 피해를 볼 수 있다. 예를 들어, 우리나라는 칠레와 자유 무역 협정을 맺었는데 칠레보다 경쟁력이 강한 반도체나 자동차 관련 산업 등은 수출로 많은 이익을 얻을 수 있다. 하지만 칠레보다 경쟁력이 약한 농업이나 어업 등은 수출이 힘들어지거나 산업이 약해질 수 있다. 따라서 세계 여러 나라와 자유 무역을 하려면 우수한 품질과 기술을 갖춰 경쟁력을 키워야 한다.

* 협정: 서로 의논하여 결정하는 것.

1 이 글에 소개된 내용이 <u>아닌</u> 것을 고르세요. | 내용 파악 |

① 무역의 정의.　　　　　　　　② 세금의 종류.

③ 무역을 하는 까닭.　　　　　　④ 보호 무역주의의 뜻.

⑤ 자유 무역주의의 뜻.

2 빈칸을 채워 이 글의 중심 내용을 완성하세요. | 적용 |

나라와 나라 사이에 물건을 사고파는 것을 (　　　　　　　　)이라 한다. 대표적인 무역 정책으로 국가가 적극적으로 규제하는 (　　　　　　) 무역주의와 국가가 규제하지 않는 (　　　　　　) 무역주의가 있다.

＊ 규제: 어떤 일을 법, 규칙에 따라 못 하게 막는 것.

3 이 글의 내용과 <u>다른</u> 것을 고르세요. | 내용 파악 |

① 자유 무역 협정을 맺으면 무역을 할 때 관세를 붙이지 않는다.

② 관세 없이 외국 물품을 들여오면 국내 기업이 어려워질 수 있다.

③ 국가의 간섭 없이 자유롭게 무역하는 것을 보호 무역주의라고 한다.

④ 여러 나라와 자유 무역을 하려면 우수한 품질과 기술을 갖춰 경쟁력을 키워야 한다.

⑤ 나라마다 자연환경, 기술, 자원이 다르기 때문에 다른 나라와의 무역이 필요하다.

4 관세의 뜻과 관세를 붙이는 까닭을 찾아 쓰세요. | 내용 파악 |

(1) 뜻 :

(2) 까닭 :

5 다음 중 보호 무역주의에 해당하지 <u>않는</u> 것을 고르세요. | 추론 |

① 석유 생산지인 중동의 여러 나라는 석유값이 떨어지는 것을 막기 위해 한동안 석유 생산을 중단했다.

② A 국가의 농사는 풍년이었다. 그래서 수입하는 쌀에 세금을 부과해 국내 쌀값이 떨어지는 것을 막았다.

③ 자동차 생산으로 유명한 B 국가와 철이 풍부하게 매장되어 있는 C 국가가 협정을 맺었다. 자동차를 만들지 못하는 C 국가는 B 국가에 철을 수출해 자동차를 들여올 수 있었다.

④ D 국가에는 품질 좋은 반도체를 생산하는 E 기업이 있다. D 국가의 정부는 반도체 수입을 금지하고 국내에서 생산하는 모든 가전제품은 E 기업의 제품만 쓰도록 했다.

6 다음에서 설명하는 것을 앞 글에서 찾아 쓰세요. | 적용 |

> 무역 장벽을 없애 자유로운 무역이 이루어지도록 하는 나라 간의 협정이다. 이 협정을 맺으면 그 전보다 물건을 더 많이 수출할 수 있지만, 동시에 더 많이 수입해야 한다. 따라서 이 협정을 맺을 때는 경제에 미치는 영향을 신중히 고려해야 한다.

7 다음 글에서 설명하는 것은 무엇인가요? | 배경지식 |

> 나라 간에 무역을 할 때, 수입은 줄이고 수출은 늘려 서로 이익을 내려고 하면 다툼이 발생한다. 이곳에서는 무역에서 발생하는 나라 간의 다툼을 해결하고, 서로 공평한 무역이 이루어지도록 세계 무역에 관한 규칙이나 협정을 만든다.

① 국제 연합　　　　　② 세계 보건 기구　　　　　③ 세계 무역 기구
④ 국제 금융 기구　　　⑤ 경제 협력 개발 기구

　　사람이 모여 사는 사회에는 법이 존재한다. 사회 질서를 유지하고 자유와 권리를 보장하기 위해 만들어진 법은, 정의롭고 평등한 사회가 되기 위해서 꼭 필요하다. 법 중에 가장 으뜸인 법은 '헌법'이다. 국가 운영에 필요한 총칙과 국민의 기본권, 통치 구조 등 나라를 운영하는 데 필요한 기본적인 내용이 헌법에 담겨 있다.

　　헌법 총칙에 "대한민국은 민주 공화국이다."라고 명시하고 있다. 민주 공화국이란 주권이 국민에게 있고, 국민이 뽑은 국가 원수와 대표에 의해 운영되는 국가를 말한다.

　　국민의 '기본권'으로는 5가지를 보장하고 있다. 성별, 종교, 신분, 장애 등에 의해 차별받지 않도록 하는 '평등권', 국가 권력의 간섭을 받지 않고 자유롭게 생각하고 행동할 수 있는 '자유권', 정치에 참여할 수 있는 '참정권', 국가에 대해 어떤 요구를 할 수 있는 '청구권', 교육을 받거나 건강한 생활을 누리는 등 인간다운 생활을 할 수 있는 '사회권' 등이다.

　　국가의 권력이 집중되는 것을 막기 위해서는 입법권, 사법권, 행정권으로 통치 구조를 나누었다. 법을 만드는 입법권은 '국회'에서, 법을 해석하고 판단하고 적용하는 사법권은 '법원'에서, 법에 따라 국민을 보호하고 국가를 운영하는 행정권은 '정부'에서 맡는다. 이처럼 국가 권력을 세 기관으로 나눈 것을 '삼권 분립'이라고 한다. 권력이 한쪽으로 치우쳐 발생할 수 있는 독재를 막고, 국민의 자유와 권리를 지키기 위해 권력을 셋으로 나누어 정치의 균형을 잡도록한 것이다.

　　우리나라는 1948년 7월 17일, 헌법을 만들어 널리 발표하였다. 이날을 '제헌절'이라고 하고, 나라에서 국경일로 정해 해마다 헌법의 의미를 되새기며 기념하고 있다.

　　헌법은 함부로 고칠 수 없지만, 헌법을 이루는 세부 조항들은 시대와 국민의 요구에 맞게 고칠 수 있다. 우리나라 헌법은 1948년 7월 17일 발표된 후 지금까지 9번에 걸쳐 고쳐졌다. 지금 우리가 쓰고 있는 헌법은 1987년에 개정되었다.

＊ 총칙: 전체를 포괄하는 규칙이나 법칙.
＊ 명시: 사실이나 내용 들을 글로써 분명하게 드러내 보이는 것.
＊ 주권: 나라의 주인으로 가지는 권리. 국가의 의사를 최종적으로 결정하는 힘을 갖는다.
＊ 원수: 나라를 다스리고 대표하는 사람.

1 헌법에 대한 설명으로 잘못된 것을 고르세요. | 내용 파악 |

① 헌법은 절대 고칠 수 없다.

② 헌법은 법 중에 가장 으뜸이다.

③ 우리나라 헌법은 1948년에 처음으로 만들어졌다.

④ 헌법은 국민의 자유와 권리를 지키는 데 필요하다.

⑤ 헌법에는 국민의 권리와 의무에 관한 내용이 담겨 있다.

2 다음에서 설명하는 것을 이 글에서 찾아 쓰세요. | 적용 |

> 민주주의와 공화제를 모두 실시하고 있는 국가를 말한다. '민주주의'는 국민이 주인이 되어, 국민을 위해 정치를 하는 제도다. '공화제'는 국가의 주권이 한 사람이 아닌, 다수의 국민에게 주어지는 정치 제도다. 공화제를 채택하는 국가를 '공화국'이라고 한다.

3 이 글의 구조를 나타낸 표입니다. 빈칸을 알맞게 채우세요. | 내용 파악 |

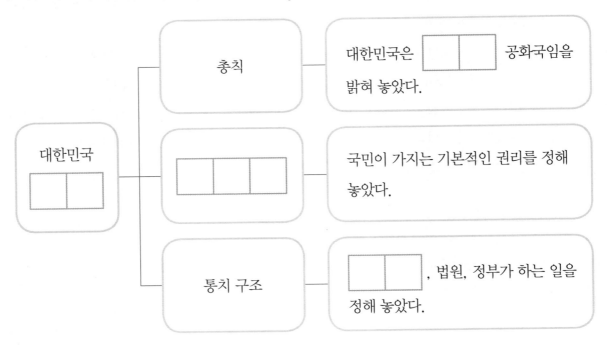

4 다음 중 헌법에서 말하는 평등권과 관련된 내용은 무엇인가요? |적용|

① 내가 원하는 곳에서 살 수 있는 권리.

② 장애를 이유로 차별당하지 않을 권리.

③ 내가 원하는 직업을 선택할 수 있는 권리.

④ 초등학교와 중학교 교육을 받을 수 있는 권리.

⑤ 억울한 일이 있을 때 재판을 받을 수 있는 권리.

5 다음은 헌법에 나온 국민의 기본적 권리 가운데 무엇과 관계있는 내용인가요? |추론|

> 법을 고치거나 만드는 일을 하는 '국회의원'과 행정부의 우두머리이자 나라를 대표하는 '대통령'은, 선거를 통해 국민이 직접 뽑는다.

① 국민은 인간다운 생활을 할 수 있는 권리를 가진다.

② 국민은 국가의 주인으로서 정치에 참여할 수 있는 권리를 가진다.

③ 국민은 성별, 직업, 종교 등에 의해 차별받지 않을 권리를 가진다.

④ 국민은 국가의 간섭을 받지 않고 자유롭게 행동할 수 있는 권리를 가진다.

6 빈칸을 채워 이 글의 내용을 요약하세요. |요약|

> (   )은 나라의 기틀을 잡고 국민의 권리를 보장하는 데 필요한 기본적인 내용으로 이루어져 있다. 나라의 주인이 (   )임을 밝히고, 국민이 가지는 권리를 정해 놓았다. 또 (   ), 법원, 정부 등의 국가 기관들이 하는 일도 담고 있다. 헌법은 시대와 국민의 요구에 따라 고칠 수 있는데, 우리나라는 지금까지 (   )번 개정했다. 우리나라는 헌법을 만들어 발표한 날을 기념하기 위해 7월 17일 (   )을 국경일로 정했다.

오늘날 사람들이 믿는 종교는 무척 많다. 그중 기독교, 이슬람교, 불교를 세계 3대 종교라고 부른다. 기독교와 불교 같은 종교는 우리에게 친숙하지만, 이슬람교는 아직 잘 알려져 있지 않다. 하지만 신도 수로 보면 전 세계에서 기독교에 이어 두 번째로 많다. 이슬람교는 불리는 이름이 여럿인데, 유럽에서는 마호메트교, 중국에서는 회회교, 우리나라에서는 회교라고도 부른다.

이슬람교에서는 유일신 '알라'를 믿는다. 이슬람이라는 말도 '알라의 뜻에 따른다'라는 뜻의 아랍어다. 이슬람교를 만든 사람은 마호메트로, 570년경 사우디아라비아의 메카라는 도시에서 태어났다. 그는 40살이 되던 해에 어느 산속의 동굴에서 신의 계시를 받고 신의 뜻을 전파하기로 결심했다.

"알라 앞에서는 누구나 평등하다. 알라를 믿고 올바르게 행동하면 누구나 천국에 갈 수 있다."

㉠ 귀족들은 마호메트를 위험한 인물로 여겨 없애 버리려 했다. 하지만 가난한 사람이나 노예 사이에서 큰 환영을 받으며 세력을 확장해 지금의 중동(이란, 이라크 등이 있는 서아시아) 지역 전체에 퍼졌다. 마호메트가 세상을 떠난 뒤, 후계자 문제를 놓고 대립이 생겨 이슬람교는 여러 파로 분열하여 대립하고 있다.

기독교에 〈성경〉이 있다면 이슬람교에는 〈코란〉이 있다. 〈코란〉은 마호메트가 계시를 받은 내용을 적은 책이다. 마호메트가 죽은 뒤 신도들이 그의 말을 수집하고 정리하여 만들었다.

이슬람교를 믿는 사람을 '무슬림'이라고 한다. 무슬림은 알라의 계시를 잘 이해하고, 말로 표현할 수 있어야 하며, 아래의 다섯 의무(5주)를 열심히 실행해야 한다.

* 기독교: 세상의 만물을 만든 유일신(오직 하나뿐인 신)을 섬기고, 그 아들 예수를 구세주로 믿는 종교. 여기
  서는 기독교와 천주교를 아울러 이른다.
* 신도: 어떤 종교를 믿는 사람.
* 회교: 이슬람교의 다른 이름. 중국 수나라 때 '위구르족'을 이르던 '회흘'에서 따온 말.
* 계시: 신이 가르쳐 알게 한 진리.
* 5주: '다섯 기둥'이라는 뜻으로, 무슬림이 지켜야 할 다섯 가지 의무를 이르는 말.

1. 샤하다 – "알라 외에 다른 신은 없으며, 마호메트는 알라의 예언자다."라고 신앙을 고백한다.
2. 살라트 – 하루 다섯 차례 메카 방향으로 기도를 올린다.
3. 사움 – 라마단(이슬람 달력으로 9월)에는 해가 떠서 질 때까지 음식을 먹지 않는다.
4. 자카트 – 자선을 베푼다. 나라에 세금으로 돈을 내어 가난한 사람, 고아, 노예 등을 돕는 데에 쓴다.
5. 하즈 – 이슬람 달력으로 12월의 메카 순례 행사에 한 번 이상 참여해야 한다.

이외에도 생활 속에서 무슬림이 지켜야 할 규칙이 있다. 술과 돼지고기를 먹으면 안 된다. 고기는 이슬람교의 방식(할랄)으로 처리한 것만 먹을 수 있다. 또 무슬림 여성들은 일정한 나이가 되면 '히잡'이라고 불리는 천으로 머리와 목을 가려야 한다. 여성들은 가족이나 남편이 아닌 남자에게는 신체를 드러낼 수 없다.

현재 이슬람교는 중동 지역을 비롯해 아시아, 아프리카, 유럽 등 세계 여러 나라에 널리 퍼져, 전 세계 인구의 25% 정도가 이슬람교를 믿는다. 우리나라에는 한국 전쟁 때 터키에서 온 이슬람교 성직자에 의해 처음 알려졌다.

* 순례: 종교가 생겨난 곳처럼 종교적인 의미가 있는 곳을 찾아가 예를 치르는 것.
* 할랄: '허용된 것'의 뜻으로, 이슬람교도들이 먹고 쓸 수 있도록 허용된 제품을 이르는 말.

1 세계 3대 종교를 모두 쓰세요. | 내용 파악 |

_____ , _____ , _____

2 마호메트가 태어난 곳으로, 이슬람교의 성지(성스럽게 여기는 곳)는 어디인가요? | 내용 파악 |

_____

3 이슬람교의 내용을 정리한 표입니다. 빈칸에 알맞은 낱말을 쓰세요. ㅣ**내용 파악**ㅣ

(1)	신	
(2)	만든 사람	
(3)	경전	
(4)	믿는 사람	
(5)	우리나라에서 부르는 이름	

4 다음 중 무슬림이 지켜야 할 것이 <u>아닌</u> 것을 찾으세요. ㅣ**내용 파악**ㅣ

① 술과 돼지고기를 먹지 않는다.

② 할랄 방식으로 처리한 고기만 먹는다.

③ 하루에 다섯 번 메카 방향으로 기도한다.

④ 남성들은 히잡을 써 머리와 목을 가린다.

⑤ 라마단에는 해가 떠서 질 때까지 음식을 먹지 않는다.

5 ㉠의 까닭은 무엇일까요? ㅣ**추론**ㅣ

① 새로운 종교를 만들었기 때문에.

② 귀족들은 신을 믿지 않았기 때문에.

③ 신분 질서를 어지럽히는 말을 주장했기 때문에.

④ 가난한 사람과 노예에게만 이슬람교를 전파했기 때문에.

⑤ 이슬람교에서는 하지 말아야 할 것들이 너무 많았기 때문에.

해파리로 인한 피해 증가

민간과 정부, 온난화로 급격히 늘어난 해파리 해결 방법 모색

최근 우리나라 해상에 해파리가 늘어나면서 '해파리 주의보'가 자주 발령되고 있다. 먼바다뿐 아니라 해안까지 해파리가 등장하여 피서객과 어민들에게 해를 끼치고 있다.

과학자들은 2000년대 들어 해파리의 수가 크게 늘어난 것으로 보고 있다. 지구 온난화로 인해 바닷물의 온도가 높아지면서 해파리가 살기 좋은 환경이 된 것이다. 사람들이 쥐치 등 해파리의 ㉠ [   ]을(를) 무분별하게 잡은 것도 그 원인이다.

해파리에 쏘이면 심한 통증과 함께 채찍으로 맞은 듯한 상처가 붉게 생긴다. 촉수의 독은, 일시적으로 근육을 마비시켜 수영하는 사람들을 익사하게 할 수도 있다. 또 오한, 구역질뿐 아니라, 호흡 곤란, 심장 마비 등을 일으켜 목숨을 앗아갈 수도 있다. 따라서 해안에서 해파리를 만나면 즉시 피해야 한다.

우리나라에서 피해를 주는 것은 주로 보름달물해파리와 노무라입깃해파리다. 보름달물해파리는 해양수산부가 유해 해양생물로 지정할 정도로 해를 많이 끼치고 있다. 지름이 15㎝ 정도로 크지는 않지만, 번식력이 매우 강해 몇 마리만 나타나도 개체 수가 금방 늘어난다. 2001년에는 경북 울진의 원자력 발전소의 취수구를 막아 문제를 일으킨 적도 있었다.

우리나라 주변에서 발견되는 해파리 가운데 가장 큰 것은 노무라입깃해파리다. 큰 것은 지름이 1m나 되며, 길이가 5m, 무게가 200kg까지 나가는 것도 발견되었다. 노무라입깃해파리도 어민들의 일을 방해한다. ㄱ시에서 만난 어부 ㄴ씨는, 그물을 건져 올리면 물고기보다 해파리가 더 많이 잡힐 때도 있다고 하소연했다.

* 민간: 관청이나 정부 기관에 속하지 않은 일반인이나 그 사회.
* 모색: 일이나 사건을 해결할 수 있는 방법을 찾음.
* 주의보: 태풍·홍수 따위로 인해 피해를 입을 염려가 있을 때 기상대에서 주의하라고 알리는 날씨 예보.
* 먼바다: 거리로 따졌을 때, 육지에서 멀리 떨어진 바다.

해파리들은 물고기와 함께 그물에 걸려 올라오면서 물고기의 상품 가치를 떨어뜨린다. 또 그 무게 때문에 어구까지 손상하여 어부들이 골머리를 앓고 있다. 게다가 동물성 플랑크톤을 먹는 이 해파리들이 어류의 알까지 먹어 치워 물고기의 개체 수 감소를 불러올 수도 있다.

인간에게 이렇게 피해를 많이 주지만 최근에는 이 해파리를 이용하려는 사람들이 늘고 있다. 보름달물해파리와 노무라입깃해파리를 이용하여 음식을 만들기도 한다. 해파리를 비료로 만들어 친환경 농사를 짓고 있는 사람들도 있다. 콜라겐이 많은 해파리를 이용하여 화장품이나 의약품으로 개발하려고도 노력하고 있다. 또 해파리를 수족관에 넣어 관람객들의 눈을 만족시키기도 한다.

정부는 우리 해상의 해파리 출현량, 환경 변화 등을 계속 관찰하며, 해파리 부착 유생을 제거하고 있다. 부착 유생 하나가 5,000마리로 자랄 수 있기 때문이다.

해안에 나타나는 해파리를 보며, 119 수상구조대 이풀잎 대원은 다음과 같이 경고했다.

"해파리를 만나면 절대 맨손으로 만져서는 안 됩니다. 혹시 접촉했을 때는 고무장갑과 장화를 착용한 사람이 떼어 주어야 합니다. 주변에 사람이 없을 때는 본인이 수건 등으로 감싸고 떼어낸 뒤 바닷물로 씻고 연고를 발라야 합니다."

○○신문 △△△ 기자

* 어구: 고기잡이에 쓰는 여러 도구.
* 콜라겐: 동물의 뼈, 힘줄 등에 들어 있는 단백질.
* 부착 유생: 어떤 물체에 붙어 크는, 어린 동물.

1 이 글의 중심 내용은 무엇인가요? Ⅰ주제Ⅰ

① 해파리의 서식 환경.

② 우리나라 해파리의 종류.

③ 해파리 발견 시 유의 사항.

④ 해파리를 이용한 사업 개발.

⑤ 해파리로 인한 피해와 그것을 막기 위한 방법.

2 ⊙에 들어갈 낱말입니다. '다른 동물을 먹이로 하는 동물'의 뜻을 지닌 낱말을 찾으세요. **| 어휘 |**

① 무식자 ② 걸식자 ③ 포식자
④ 급식자 ⑤ 피식자

3 이 글의 밑줄 친 낱말입니다. 뜻풀이가 <u>잘못된</u> 것을 찾으세요. **| 어휘 |**

① 무분별하게: 불쌍하게 여기지 않고 매우 사납고 모질게.
② 촉수: 일부 동물의 몸 앞부분이나 입 주위에 있는 기관. 먹이를 잡거나 감각을 느낀다.
③ 오한: 몸이 으슬으슬 춥고 떨리는 증상.
④ 취수구: 강이나 호수, 바다에서 물을 끌어 들이는 입구.
⑤ 하소연: 억울한 일이나 잘못된 일, 딱한 사정 등을 말함.

4 해파리에 대한 설명으로 바르지 <u>않은</u> 것을 찾으세요. **| 내용 파악 |**

① 보름달물해파리는 번식력이 매우 강하다.
② 해파리와 접촉하면 맨손으로 빨리 떼어 주어야 한다.
③ 해파리의 촉수에 쏘이면 사람이 목숨을 잃을 수도 있다.
④ 지구 온난화로 인해 우리나라 주변에 해파리가 많이 늘어났다.
⑤ 우리나라 주변에서 발견되는 해파리 중 가장 큰 것은 노무라입깃해파리다.

5 이 글은 기사문입니다. 기사를 쓸 때 갖추어야 할 조건으로 가장 알맞은 것을 고르세요. **| 배경지식 |**

① 사실이 아닌 일을 사실처럼 꾸며서 쓴다.
② 현실에 일어난 일에 상상을 덧붙여 쓴다.
③ 육하원칙에 따라 일어난 일을 자세하게 쓴다.
④ 어떤 주제에 대해 자신의 주장이나 의견을 쓴다.
⑤ 보고 들은 일을 통해 알게 된 사실과 감상을 쓴다.

　　우리 조상들은 옛날부터 마을 사람들끼리 서로 도우며 사이좋게 지냈다. 예전에는 한 마을에 친척이 모여 사는 경우가 많았기 때문에, 마을 주민이 한 식구처럼 다정하고 화목하게 생활했다. 요즘도 마을에서 혼례나 장례를 치르면 이웃끼리 기쁨과 슬픔을 나누며 서로 돕는 상부상조의 전통이 내려오고 있다.

　　옛날 우리 조상들은 대부분 농사를 지었다. 농사는 어렵고 힘든 일이 많아 혼자 하기는 힘들다. 그래서 마을 사람들은 힘을 합쳐 서로 농사를 도왔는데 그것을 '두레'라고 한다. 두레는 벼농사를 위해 마을 사람 모두가 일하는 조직을 말한다. 보통 ㉠ 모내기나 ㉡ 김매기, ㉢ 추수가 있을 때 서로 도우며 함께 일했다. 또 즐거운 일이 있을 때는 사물놀이 등을 함께 즐기며 놀이 공동체 역할도 했다. 그리고 여성은 여럿이 모여 베를 짜는 '길쌈 두레', 남성은 삼(마) 농사를 짓는 '삼 두레'가 있었다.

　　'품앗이'는 내가 남에게 준 '품'을 돌려받는다는 의미로, 친한 사람들끼리 서로 돕는 일을 말한다. 두레가 마을에서 조직해서 이루어진 것이라면 품앗이는 가까운 사람들이 시기를 가리지 않고 서로 일을 돕는 것이다. 따라서 품앗이는 두레보다 규모는 작지만 자주 이루어졌다. 요즘에도 농사뿐 아니라 결혼식, 장례식 같은 큰일이 있을 때 친한 사람들이 서로 돕는 품앗이의 모습을 볼 수 있다.

　　마을 사람들이 더불어 살기 위해 지켜야 할 규칙도 있다. 조선 시대에 유교가 퍼지면서 서로 돕고 사는 방법을 글로 써서 만든 '향약'이 농촌 사회에 널리 전파되었다. 향약에는 "좋은 일은 서로 권하고(덕업상권 德業相勸), 잘못한 것은 서로 고쳐 주며(과실상규 過失相規), 예의로 사람을 사귀고(예속상교 禮俗相交), 어려울 때 서로 돕는다(환난상휼 患難相恤)"라는 내용이 담겨 있다. 향약은 우리 민족이 더불어 사는 모습을 알 수 있는 중요한 증거다.

* 베: 삼실, 무명실, 명주실 등으로 짠 천.
* 길쌈: 실로 옷감을 짜는 모든 일을 통틀어 이르는 말.
* 품: 어떤 일에 드는 힘이나 수고.
* 유교: 공자의 가르침을 바탕으로 하여, 나라에 대한 충성과 부모에 대한 효도를 중시하는 사상.

1 '서로서로 도움'의 뜻을 지닌 사자성어를 이 글에서 찾아 쓰세요. | 어휘 |

_____

2 다음 설명을 읽고 ⊙ ~ ©의 낱말을 빈칸에 쓰세요. | 어휘 |

(1) | 가을에 익은 곡식을 거두어들이는 일.

_____

(2) | 네모난 판에 키워서 싹이 자란 벼를 논에 옮겨 심는 일.

_____

(3) | 논밭에서 잡초를 뽑는 일.

_____

3 두레와 품앗이를 정리한 표입니다. 보기를 보고 표의 빈칸에 알맞은 번호를 쓰세요. | 내용 파악 |

	두레	품앗이
공통점		
차이점		

① 친한 사람들끼리 시기를 가리지 않고 서로 돕는다.

② 마을 모두가 속한 조직이다.

③ 힘을 합쳐 서로 돕는 우리나라 전통 풍습이다.

④ 놀이 공동체로서의 역할도 한다.

⑤ 힘든 농사일의 수고를 덜 수 있다.

⑥ 오늘날에도 큰일이 생기면 볼 수 있는 모습이다.

4 다음 중 이 글의 내용과 맞지 <u>않는</u> 것을 고르세요. |내용 파악|

① 두레는 농사일만을 위한 조직이었다.

② 오늘날에도 친한 사람들끼리 품앗이를 하기도 한다.

③ 예전에는 친척들이 한 마을에 모여 사는 경우가 많았다.

④ 조선 시대에 유교가 퍼지면서 향약이 농촌 사회에 전파되었다.

⑤ 우리나라에는 마을 사람들끼리 서로 돕고 지내는 전통이 있다.

5 다음 중 향약의 네 가지 내용에 속하지 <u>않는</u> 것을 찾으세요. |내용 파악|

① 예의로 사람을 사귄다.

② 좋은 일은 서로 권한다.

③ 어려울 때 서로 돕는다.

④ 잘못한 것을 조용히 덮어 준다.

6 다음 글을 읽고, 현대 사회에서 공동체적 삶이 약화된 까닭으로 거리가 <u>먼</u> 것을 찾으세요. |추론|

> 공동체란 생활, 행동, 목적을 함께하는 집단을 말한다. 전통적으로 농업 사회였던 우리나라는 '두레'라는 방식을 통해 더불어 일하고 노는 생활을 했다. 그러나 현대 사회로 오면서 이런 공동체적 삶의 모습도 변했다. 최근 우리 사회는 공동체보다는 개인을 더 소중히 여기는 개인주의적 삶의 모습을 더 많이 볼 수 있다. 그리고 다른 사람과 어울리는 것보다는 자신의 이득만을 챙기려는 이기주의도 늘고 있다.

① 경쟁을 통해 상대방을 이겨야 하는 상황이 많아졌기 때문에.

② 사람들의 이동이 늘고 이사를 다니는 일이 잦아졌기 때문에.

③ 같은 뜻을 지닌 사람들이 협동조합을 만드는 일이 많아졌기 때문에.

④ 통신기기의 발달로 이웃 간에 직접 만나는 기회가 줄어들었기 때문에.

⑤ 도시화와 핵가족화가 되면서 여럿이 함께 모이는 시간이 줄었기 때문에.

7 이웃끼리 서로 돕고 지내는 뜻을 지닌 속담을 찾으세요. | 추론 |

① 피는 물보다 진하다

② 백지장도 맞들면 낫다

③ 믿는 도끼에 발등 찍힌다

④ 바늘 도둑이 소도둑 된다

⑤ 콩 심은 데 콩 나고 팥 심은 데 팥 난다

8 다음 설명을 읽고 낱말과 그 뜻을 바르게 짝지으세요. | 배경지식 |

> 이것은 유교가 널리 퍼지면서 우리 조상들이 중요하게 여긴 가족 행사다. 인간이 살아가는 데에 있어 빠뜨릴 수 없이 중요한 행사를 종류별로 '관례', '혼례', '상례', '제례'라 했다. 이 네 가지 행사를 합쳐 '관혼상제'라고 불렀다.

(1) 관례 • • ㉠ 부부 관계를 맺는 행사.

(2) 혼례 • • ㉡ 제사를 지내는 행사.

(3) 상례 • • ㉢ 옛날에, 남자가 어른이 된다는 의미로, 상투를 틀고 갓을 쓰던 행사.

(4) 제례 • • ㉣ 부모, 조부모 등이 죽었을 때 지내는 행사.

백색 식품은 말 그대로 색깔이 하얀 식품을 말한다. 우리가 주식으로 먹는 흰쌀을 비롯해 밀가루, 백설탕, 하얀 조미료 등이 대표적인 백색 식품이다. 그런데 백색 식품은 ⊙ 비만, 고혈압, 심장병, 당뇨 등 [   ]을 일으킬 수 있다는 의혹을 받고 있다. 따라서 백색 식품 섭취를 줄이자는 의견이 점점 늘고 있다.

백색 식품인 흰쌀과 밀가루는 우리가 오래전부터 먹어온 식재료다. 벼의 겉껍질을 벗겨 내지 않은 쌀은 씨가 된다. 식물의 씨는 ⊙ 배아(씨눈), 배유(배젖), 표피로 나누어 볼 수 있다. 배아는 자라서 싹이 되는 부분이고, 싹이 자라는 데에 영양분이 되는 부분은 배유, 씨의 겉껍질은 표피라고 한다.

수확한 벼에서 왕겨를 벗겨내면 현미가 되고, 그것을 한 번 더 벗겨 표피와 배아를 제거하여 흰쌀을 얻는다. 밀가루는 밀의 배유 부분만 분리해서 가루로 빻은 것이다. 껄끄럽고 소화가 잘 안 되는 부분을 모두 벗겨낸 흰쌀과 밀가루는 부드럽고 소화가 잘된다. 또 흰쌀로 밥을 지으면 차지고, 밀가루로 만든 빵은 부드럽고 고소하다.

옛날 우리나라 사람들은 "흰쌀밥 한 그릇만 먹으면 소원이 없겠다."라고 말할 정도로 흰쌀을 좋아했다. 양식이 부족했던 시절에는 음식을 골라 먹을 여유가 없었기 때문에 사람들은 뻣뻣하고 까끌까끌한 현미와 통밀가루(속껍질을 벗기지 않고 빻은 밀의 가루)를 그대로 먹었다. 하지만 이후 식량을 많이 생산하면서 사람들은 맛 좋고 부드러운 흰쌀과 밀가루를 주로 찾았다. 하지만 요즘에는 흰쌀이 건강을 해칠 우려가 있다고 해서 옛날처럼 잡곡밥이나 현미밥을 먹는다.

흰쌀과 밀가루, 백설탕 같은 백색 식품이 우리 몸에 직접 병을 일으키지는 않는다. 다만 이런 식품을 많이 먹으면 영양소를 골고루 섭취하지 못하고 살이 찔 위험이 크기 때문에 문제가 된다. 백색 식품은 대체로 에너지를 만드는 탄수화물로 이루어져 있고 다른 영양소는

* 조미료: 음식의 맛을 알맞게 맞추는 데에 쓰는 재료. 📙 양념
* 왕겨: 벼의 겉껍질.
* 현미: 벼의 겉껍질만 벗겨 낸 누르스름한 쌀.
* 차지고: 반죽이나 밥, 떡 따위가 끈기가 많고.

거의 없다. 원래 현미의 껍질과 씨눈에는 우리 몸에 좋은 비타민이 많이 있는데, 껍질을 모두 벗겨낸 흰쌀은 영양분이 다 깎여 나가고 탄수화물만 남는다. 백설탕 역시 탄수화물로 이루어진 식품이다. 이러한 백색 식품을 너무 많이 먹으면 활동하는 데에 쓰고 남은 탄수화물이 지방으로 변해 우리 몸에 쌓이기 때문에 살이 찔 위험이 높다. 그러므로 흰쌀밥 양은 줄이고, 여러 반찬을 함께 먹으면 영양분을 균형 있게 섭취할 수 있다.

  현대인은 편리한 생활로 활동량이 줄었기 때문에 백색 식품을 지나치게 먹으면 살이 찌고 성인병에 걸릴 위험이 높다. 그래서 요즘 사람들은 흰쌀, 밀가루, 백설탕 등 백색 식품 대신에, 현미, 통밀, 흑설탕 등을 먹으려고 노력하고 있다.

* 성인병: 주로 40세 이후의 성인들에게 많이 발생하는 병.

1 이 글의 중심 내용은 무엇인가요? | 주제 |

① 백색 식품의 효과.

② 백색 식품의 위험성.

③ 백색 식품을 먹자.

④ 백색 식품을 먹지 말자.

⑤ 백색 식품에 들어 있는 영양소.

2 다음 중 백색 식품의 뜻을 가장 잘 나타낸 것을 고르세요. | 내용 파악 |

① 색깔이 하얀 식품.

② 독이 들어 있는 식품.

③ 부드럽고 맛있는 식품.

④ 조금만 먹어도 살이 많이 찌는 식품.

⑤ 먹으면 바로 사람 몸에 병이 생기는 식품.

3 사람이 활동하는 데에 필요한 에너지원으로, 백색 식품에 주로 포함되어 있는 영양소는 무엇인가요?
| 내용 파악 |

_____

4 이 글의 내용과 같은 것을 고르세요. | 내용 파악 |

① 백설탕이 흑설탕보다 맛있다.

② 흰쌀과 밀가루는 소화가 잘 안되는 식품이다.

③ 벼의 껍질을 모두 벗겨낸 것을 현미라고 한다.

④ 백색 식품을 많이 먹으면 살이 찔 위험이 높다.

⑤ 밀가루는 밀의 싹이 되는 부분을 가루로 빻은 것이다.

5 이 글의 빈칸에 들어갈 말입니다. ㉠ 같은 병들을 통틀어 이르는 낱말을 찾아 쓰세요. | 어휘 |

_____

6 다음 그림에서 ㉡을 찾아 이름을 알맞게 쓰세요. | 어휘 |

(1) _____

(2) _____

(3) _____

7 다음 백색 식품 가운데 글쓴이가 걱정스럽게 생각할 만한 것은 무엇인가요? | 적용 |

① 우유
② 두부
③ 흰 소금
④ 닭고기
⑤ 흰살 생선

8 이 글의 내용과 거리가 <u>먼</u> 이야기를 하는 사람은 누구인가요? | 적용 |

① 성윤: 흑설탕은 몸에 좋으니 마음껏 먹어도 돼.
② 형오: 나는 현미밥을 싫어하는데, 앞으로는 잘 먹어야겠어.
③ 지용: 건강을 위해서는 여러 영양소를 골고루 먹는 것이 중요해.
④ 수지: 흰쌀과 밀가루 음식을 많이 먹으면 성인병에 걸린다니 조금만 먹어야겠어.
⑤ 정현: 통밀가루로 만든 빵도 오래 씹으니 고소해. 일반 빵보다 통밀빵을 먹어야지.

9 다음은 3대 영양소에 대한 설명입니다. 설명에 알맞은 영양소를 찾아 쓰세요. | 배경지식 |

| 탄수화물　　　　단백질　　　　지방 |

(1) 성장과 피부 건강에 필요하다. 몸에 많이 쌓이면 비만이 된다. 참기름, 콩기름, 고기 등에 많이 들어 있다.

_____

(2) 사람 몸의 각 조직과 세포를 만드는 데에 쓰이며 성장과 생명 유지를 돕는다. 고기, 달걀, 콩 등에 많이 있다.

_____

(3) 녹색 식물의 광합성으로 생긴다. 먹으면 힘을 내는 데에 쓰인다. 쌀이나 밀, 감자 등에 많이 포함되어 있다.

_____

그리스는 평지가 거의 없고 대부분 산과 섬으로 이루어졌다. 이런 특성으로 교통이 발달하지 않은 예전에는 지역 간의 교류가 쉽지 않았다. 그래서 고대 그리스에는 정치적, 사회적으로 독립된 도시 국가가 발전했다. 다른 말로 '폴리스(polis)'라고 하는데, 200여 개의 폴리스가 모여 고대 그리스를 이루고 있었다.

폴리스는 하나하나가 독립적인 주권을 갖고 있었는데, 여러 도시 국가 중에 아테네와 스파르타의 힘이 가장 셌다. 하지만 이 두 나라는 여러 면에서 아주 대조적이었다.

[가] 아테네는 모든 시민이 정치에 참여하는 ㉠ [   ]를 한 것으로 유명하다. 아테네는 국가의 중요한 일을 결정할 때 18세 이상의 시민들이 모두 민회에 모였다. 회의에 참석한 시민들은 누구나 자기 생각을 말할 수 있었다. 그리고 국가의 관리도 시민 중에서 뽑았다. 관리로 일하는 기간은 1년이고, 한 사람이 두 번 이상 할 수 없었기 때문에 모두에게 관리가 될 기회가 있었다.

[나] 하지만 아테네의 시민은 오늘날의 시민과는 달랐다. '아테네에서 태어난 18세 이상의 남자'만을 아테네 시민으로 생각했다. 즉 아테네에 사는 여자, 외국인, 노예는 시민이 아니었다. 따라서 정치에 참여할 수 있는 시민은 전체 인구의 14% 정도에 불과했다.

[다] 스파르타도 아테네처럼 18세 이상의 남자만을 시민으로 인정했다. 하지만 스파르타는 귀족들이 정치를 맡아 하는 ㉡ [   ]였다. 아테네의 주요 산업이 상공업이었다면 스파르타인들은 주로 농업에 임했다. 또 아테네에는 집에서 일하는 개인 소유의 노예가 많았던 반면, 스파르타에는 국가에서 운영하는 농장에 소속된 노예가 많았다.

[라] 아테네와 스파르타의 가장 큰 차이점은, 아테네가 개인의 자유를 중요시했다면 스파르타는 집단의 단결을 중요하게 생각했다는 것이다. 스파르타의 시민들은 단체에 속해서 엄격한 체제와 생활 방식을 지켜야 했다. 또 스파르타는 군사력을 중요시하였다. 스파르타의 남자들은 여섯 살이 되면 부모와 떨어져 군대에 갔다. 군대에서는 혹독한 훈련을 받

* 도시 국가: 옛날에, 도시 그 자체가 정치적으로 독립하여 국가를 이루던 공동체.
* 민회: 고대 그리스·로마의 도시 국가에 있었던 시민 총회.
* 상공업: 상업(물건을 사고팔아 이익을 얻는 일)과 공업(물건을 만들어 이익을 얻는 일)을 아울러 이르는 말.

으며 전사로 거듭났다. 여자들은 군대에 가지 않았지만, 건강한 아들을 낳을 수 있도록 체력을 단련해야 했다.

[마] 아테네와 스파르타는 다른 점만 있었던 것은 아니다. 두 도시 국가는 모두 그리스 문화의 중심, 신화를 믿었다. 신화에 나오는 신들은 인간과 많은 점에서 닮았다. 즉 인간과 같은 모습을 하고 있으며, 인간처럼 사랑을 나누고 질투를 느끼며 때로는 싸우기도 했다. 이 과정에서 시민들은 인간에 대한 관심과 고민을 키웠고, 그로 인해 토론을 즐기게 되었다. 또 폴리스의 가장 높은 곳에 아크로폴리스를 지어 신을 모셨으며, 광장을 만들어 그곳에서 토론을 나누었다.

* 전사: 전쟁에서 싸우는 군사.

1 이 글에서 설명하는 두 도시 국가의 이름을 쓰세요. | 핵심어 |

_____ , _____

2 이 글의 중심 내용을 찾으세요. | 주제 |

① 그리스 역사.　　　　　　　② 그리스 신화.

③ 아테네와 스파르타의 위치.　　④ 그리스의 아름다운 관광지.

⑤ 아테네와 스파르타의 공통점과 차이점.

3 고대 그리스의 도시 국가를 무엇이라 하나요? | 내용 파악 |

_____

4 이 글의 내용과 <u>다른</u> 것을 찾으세요. ┃내용 파악┃

① 그리스에는 평지가 별로 없다.

② 아테네와 스파르타 모두에 노예가 있었다.

③ 고대 그리스는 여러 도시 국가가 모여서 이루어졌다.

④ 아테네에서는 한 명이 관리를 두 번 이상 할 수가 없었다.

⑤ 스파르타에서는 18세가 넘은 성인은 모두 정치에 참여할 수 있었다.

5 아테네에서 정기적으로 했던 회의로, 국가의 중요한 일을 결정했던 최고 회의 기관을 무엇이라고 하는지 찾아 쓰세요. ┃추론┃

_____

6 아테네와 스파르타의 공통점과 차이점을 찾아 빈칸에 번호를 쓰세요. ┃내용 파악┃

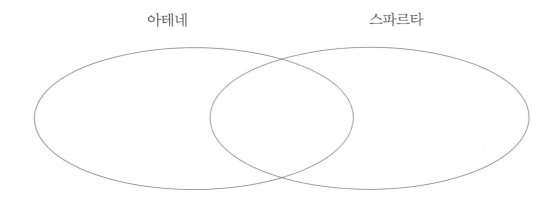

아테네   스파르타

① 주요 산업은 농업이다.   ② 주요 산업은 상공업이다.

③ 국가에 속한 노예가 많다.   ④ 개인 소유의 노예가 많다.

⑤ 개인의 자유를 중요하게 생각한다.   ⑥ 18세 이상의 남자만 시민이 된다.

⑦ 그리스에서 영향력이 큰 폴리스다.   ⑧ 집단의 단결을 매우 중요하게 생각한다.

7 다음 내용과 관련이 있는 문단은 어느 것인가요? | 적용 |

> 아테네 시민들은 정기적으로 회의를 했다. 이 회의에서, 독재할 것 같은 위험한 인물의 이름을 조개껍데기나 도자기 조각에 쓰게 했다. 여기에서 육천 표 이상 받은 사람은 나라 밖으로 쫓겨나 10년 동안 나라에 돌아올 수 없었다. 이러한 제도를 '도편 추방제'라고 부른다.

① [가]　　　　② [나]　　　　③ [다]
④ [라]　　　　⑤ [마]

8 다음 글을 읽고 ㉠과 ㉡에 들어갈 낱말을 찾아 쓰세요. | 적용 |

> 국가의 일을 결정하는 데에 국민이 직접 참여하는 정치 방식을 '직접 민주 정치'라고 한다. 국민이 뽑은 대표들이 모여 국가의 중요한 일을 정하는 방식은 '간접 민주 정치'다.

㉠ _____　　　　㉡ _____

9 다음에서 설명하고 있는 운동 경기는 무엇일까요? | 배경지식 |

> 고대 그리스는 페르시아와 전쟁을 벌였다. 전쟁이 끝나자 그리스의 한 병사가 쉬지 않고 아테네로 달려 승리를 전했다. 이 일을 기념하기 위해 이 운동 종목을 만들었다. 1924년 파리 올림픽에서 이 종목의 거리를 42.195km로 확정했다.

① 경보　　　　② 마라톤　　　　③ 장대높이뛰기
④ 멀리뛰기　　　　⑤ 장애물 달리기

틀린 문제 유형에 표시하세요.

어휘   내용 파악   추론   적용

　산업이 발달하면서 매연, 황사, 쓰레기 등으로 지구의 환경이 파괴되고 있다. 사람은 자연에서 생활에 필요한 것을 얻으며 살아가므로, 환경이 파괴되면 사람도 피해를 본다. 그래서 세계 여러 나라에서는 지구 환경을 보호하기 위해 방법을 의논하고, 실천을 약속했다. 이것을 '국제 환경 협약'이라고 한다. 기후 변화 협약, 생물 다양성 협약, 사막화 방지 협약, 람사르 협약 등이 대표적이다.

　기후 변화 협약은 지구 온난화를 막기 위한 국제 협약이다. 1992년 브라질 리우에서 만들어져 '리우 환경 협약'이라고도 한다. 현재 세계 곳곳에서는 가뭄, 홍수, 폭염 등의 기상 이변이 발생하고 있는데, 그 원인은 지구 온난화다. 지구가 더워지는 까닭은 석유나 석탄을 태울 때 나오는 이산화탄소, 에어컨에 사용하는 염화불화탄소(프레온 가스), 가축의 트림과 방귀에서 나오는 메탄 가스 등의 '온실가스' 때문이다. 이 협약을 맺은 나라들은 지구 온난화를 막기 위해 온실가스 배출량을 줄이려고 노력하고 있다.

　생물 다양성 협약은 지구에 있는 생물의 다양성을 보호하기 위한 협약이다. 생물 다양성이란 생물이 지닌 유전자의 다양성, 생물종의 다양성, 생물이 살아가는 생태계의 다양성을 합친 말이다. 인간은 동식물에서 의식주를 얻는다. 그래서 동식물의 멸종은 인간에게도 큰 영향을 미친다. 그런데 현재 지구에 사는 1300만 종 이상의 생물 가운데, 날마다 70종 정도가 사라지고 있다. 생물 다양성 협약은 훼손된 서식지를 회복하고 멸종 위기에 놓인 동식물을 보호하며, 생물을 이용해 얻는 이익의 공정한 배분을 목적으로 삼고 있다.

　사막화 방지 협약은 토지의 사막화를 방지하고, 사막화로 피해를 겪고 있는 아프리카와 일부 국가를 지원하기 위한 협약이다. 이 협약에 가입한 나라는 심각한 가뭄이나 사막화 현상을 겪고 있는 나라에, 사막화 방지를 위한 지식과 기술을 알려주고 자금을 지원해 준다.

　람사르 협약은 습지를 보호하기로 약속한 나라들 사이의 협약이다. 1971년 이란의 람사르에 여러 나라가 모여 습지의 중요성을 인식하고 보존하려고 약속을 맺었다. 습지는 물새를 비롯하여 다양한 생물의 서식지이며, 오염 물질을 정화하는 기능을 한다. 그런데 세계

* 협약: 나라와 나라 사이의 약속.
* 서식하는: 생물이 어떤 곳에 자연 상태로 사는.

곳곳에서 습지를 <u>간척</u>하는 일이 늘면서 생물들이 사라지고 환경이 오염되었다. 이에 세계 여러 나라가 모여 습지를 보호하고 보존할 것을 약속했다. 우리나라는 1997년에 가입하였으며, 용늪, 우포늪, 순천만 갯벌 등을 보호지로 지정했다.

이외에도 국제 환경 협약에는, 폭발하거나 중독될 수 있는 산업 폐기물을 다른 나라로 옮기지 못하게 하는 '바젤 협약', 지구의 오존층을 파괴하는 물질을 규제하는 '비엔나 협약', 쓰레기 등을 바다에 버리지 못하게 하여 바다의 오염을 막는 '런던 협약' 등이 있다. 우리나라는 지구의 환경 문제를 해결하기 위해 50여 개의 주요 환경 협약에 가입하였다.

* 폐기물: 못 쓰게 되어 버리는 것.
* 규제: 법, 규칙에 따라 못하게 막는 것.
* 오존층: 땅에서 20~30km 높이에 오존이라는 기체가 모인 곳. 오존은 태양의 자외선을 막아 준다.

1 다음 중 낱말 풀이가 바르지 <u>않은</u> 것을 고르세요. |어휘|

① 온실가스: 지구의 공기를 오염시켜 온실 효과를 일으키는 가스.

② 유전자: 세포 속에 있는, 생명체의 생김새, 성격, 체질 등이 다음 세대에 전해지는 물질.

③ 생태계: 여러 생물이 서로 영향을 미치면서 사는 세계.

④ 습지: 늪, 갯벌처럼 물기가 많은 축축한 땅.

⑤ 간척: 바다를 둘러막고, 물과 소금기를 빼서 강을 만드는 것.

2 이 글의 내용으로 맞는 것에는 O, 틀린 것에는 X 하세요. |내용 파악|

① 습지는 오염 물질을 정화하는 기능이 있다. (　　　)

② 기후 변화 협약은 지구 온난화를 막는 데 목적이 있다. (　　　)

③ 사막화 방지 협약을 맺은 나라는 황사로 피해를 겪는 나라를 지원해 준다. (　　　)

④ 국제 환경 협약은 환경 보호를 위해 여러 국가가 의논한 후 맺은 약속이다. (　　　)

⑤ 생물 다양성 협약은 세계 각국의 다양한 생물을 서로 교환하기 위한 협약이다. (　　　)

3 국제 환경 협약의 이름과 내용을 바르게 연결하세요. **|내용 파악|**

(1) 바젤 협약 •

(2) 람사르 협약 •

(3) 런던 협약 •

(4) 비엔나 협약 •

• ㉠ 바다의 오염을 막는다.

• ㉡ 지구의 오존층을 파괴하는 물질을 규제한다.

• ㉢ 생물의 서식에 중요한 습지를 보호한다.

• ㉣ 산업 폐기물을 다른 나라에 버리지 못하게 한다.

4 생물 다양성에 대한 설명입니다. 빈칸에 알맞은 말을 글에서 찾아 쓰세요. **|적용|**

생물의 다양성은 3가지 종류로 이뤄져 있다. (   )의 다양성은 같은 생물 종류 안에서도 다양한 특징이 있다는 뜻이다. 같은 종인 토끼라도 흰 토끼, 검은 토끼 등 다양한 색깔과 생김새가 나타난다. 즉, 같은 종이라도 다양한 유전자가 존재한다.

(   )의 다양성은 한 서식지에 다양한 종류의 생물이 살고 있다는 뜻이다. 종의 다양성이 높은 곳일수록 식물과 동물, 미생물이 함께 어울려 있는 건강한 생태계가 된다.

(   )의 다양성은 생물이 사는 곳마다 환경 요인이 다르며, 생물의 종류와 수도 다르다는 뜻이다. 산, 바다, 강, 숲, 사막 등의 서식지에 따라, 환경에 알맞은 생물이 살아가고 있다.

5 생물의 다양성이 줄어드는 까닭과 거리가 먼 말을 한 사람은 누구인가요? **|추론|**

① 나래: 동물원과 식물원, 수족관 등이 많이 생기기 때문이야.

② 지윤: 숲이 파괴되면서 동식물이 살 곳이 사라지기 때문이야.

③ 중현: 고기와 가죽 등을 얻으려고 동물을 마구 죽이기 때문이야.

④ 은성: 지구 온난화로 생물들이 기후 변화에 적응하지 못했기 때문이야.

⑤ 고은: 생활 하수, 자동차의 배기가스, 공장 매연 등으로 환경이 오염되었기 때문이야.

6 우리나라의 늪 중에서 람사르 습지로 지정되어 보호하고 있는 곳은 어디인가요? **|내용 파악|**

① 함안 유전늪   ② 울주 무체치늪   ③ 대구 달성늪

④ 창녕 우포늪   ⑤ 합천 정양늪

7 아래의 사건과 관련이 있는 국제 환경 협약을 글에서 찾아 쓰세요. **|적용|**

> 1987년부터 1988년까지 이탈리아가 산업 폐기물을 나이지리아의 코코 항에 버린 사건을 계기로 맺어진 협약이다. 나이지리아의 한 건설회사에서 일하는 이탈리아인과 나이지리아인이 함께, 4,000톤가량의 산업 폐기물을 이탈리아에서 나이지리아로 불법으로 들여온 후 버렸다. 나이지리아에서는 버려진 산업 폐기물에서 나온 물이 땅으로 스며들어 식수가 오염되었고, 유독성 가스가 흘러나와 코코 지역 주민들은 각종 질병에 시달렸다. 결국 이 일은 나이지리아 정부에 적발되었다.

8 '나고야 의정서'에 관한 내용입니다. 이와 관련 있는 협약을 찾아 쓰세요. **|적용|**

> 스위스의 한 제약 회사에서 중국의 식물을 이용해 약을 만들었다. 그 결과 제약 회사는 3조 원을 벌었다. 하지만 식물의 원산지인 중국은 아무런 혜택을 받지 못했다. 이를 계기로 '나고야 의정서'가 만들어졌다. '나고야 의정서'는 다른 나라의 생물 자원으로 의약품이나 화장품을 만들어 생긴 이익을, 생물 자원을 제공한 나라와 나눠야 한다는 내용을 담고 있다.
>
> * 의정서: 협약의 내용을 수정 또는 보완하거나, 구체적인 실천 내용 등을 제시한 것.
> * 생물 자원: 사람이 살아가는 데 필요한 식량이나 생활용품, 의약품 등에 쓰이는 생물.

　　밤에 하늘을 올려다보면 수많은 별이 반짝인다. 우주에서 이렇게 스스로 빛을 내는 천체를 '항성'이라고 한다. 하지만 항성 외에도 우리 눈에 보이는 천체는 더 있다. 항성 주위를 도는 천체인 '행성'과 행성 주위를 도는 '위성'이다. 행성과 위성은 직접 빛을 내지는 못하지만, 지구와 가까이 있는 것들은 태양의 빛을 반사하여 우리가 볼 수 있다. 이뿐 아니라 우리 눈에 보이지 않는 여러 천체와 그 주위에 퍼져 있는 성간 물질 등이 함께 우주를 이루고 있다.

　　항성과 그 주위를 도는 천체들을 합쳐 '행성계'라고 한다. 이때, 항성에 이름이 있으면 그 이름을 따 행성계에 붙인다. 예를 들어 태양계는, 태양(항성)과 그 주위를 도는 8개의 행성(수성, 금성, 지구, 화성, 목성, 토성, 천왕성, 해왕성), 행성의 위성들뿐 아니라 태양 주변에 있는 천체를 통틀어 이르는 말이다. 태양계 밖의 우주를 '외계'라고 하며, 외계의 항성 주변을 도는 행성을 '외계 행성'이라고 한다.

　　외계 행성은 1992년에 처음 발견되었다. 그러자 사람들은, "지구와 비슷한 환경을 가진 외계 행성이 있지 않을까?", "지구가 아닌 다른 행성에서도 생명체가 살고 있지 않을까?" 하고 궁금하게 생각하기 시작했다.

　　㉠ 지구의 생명체가 살아가기에 적합한 환경의 우주 공간을 '생명체 거주 가능 영역'이라고 한다. 다른 말로, '그린벨트', '골디락스 지대'라고도 한다. 지구 생명체가 살아가려면 지구처럼 표면이 흙과 바위로 이루어지고 액체 상태의 물이 있어야 한다. 이 조건은 항성과 행성의 적당한 거리, 그리고 항성의 온도에 따라 결정된다.

　　외계 행성 글리제 581d가 발견되면서 사람들의 관심이 불붙었다. 과학자들이 글리제 581d에 액체 상태의 물이 존재할 것으로 보아, 인간이 살기에 적당하다는 연구 결과를 내놓았기 때문이다.

　　현재도 세계 여러 나라에서 외계 행성을 조사하고 있다. 미국과 유럽 여러 나라는 최첨단

* 천체: 우주에 존재하는 모든 물체. 항성, 행성, 위성, 혜성 등을 통틀어 이른다.

* 성간 물질: 별과 별 사이에 퍼져 있는 여러 가지 물질.

과학 장비로 생명체가 살 수 있는 외계 행성을 찾고 있다. 그중 하나가 '우주 망원경'이다. 우주 공간은 지구 표면에서와는 달리, 공기에 의해 빛이 흩어지거나 방향이 바뀌는 일이 없어 더 자세한 관측이 가능하다.

우리나라는 한국천문연구원의 '외계 행성 탐색 시스템' 사업을 통하여 외계 행성을 살펴보고 있다. 2015년부터 본격적으로 활동하였으며, 남아프리카공화국, 칠레, 호주에 관측 시설을 설치하여 외계 행성 두 개를 발견하였다.

이런 관찰과 연구를 계속 진행한다면, 실제로 사람이 가서 살 수 있는 외계 행성을 발견할 수 있을지 모른다. 그렇게 되면 외계인을 발견하여 만날 수도 있지 않을까? 또 지구가 너무 망가져 사람이 살 수 없게 되었을 때 우리가 옮겨 가서 살 수도 있지 않을까?

* 우주 망원경: 우주 왕복선이나 로켓에 실려 우주로 나아가, 우주 공간에서 지구 주위를 돌면서 천체를 관측하는 시설.

1 이 글에서 가장 중요한 낱말을 찾으세요. | 핵심어 |

① 항성
② 행성
③ 태양계
④ 외계 행성
⑤ 생명체 거주 가능 구역

2 이 글에서 알 수 <u>없는</u> 내용은 무엇인가요? | 내용 파악 |

① 천체의 역할.
② 외계 행성의 의미.
③ 한국의 외계 행성 연구.
④ 외계 행성을 탐구하는 방법.
⑤ 외계 행성에서 지구의 생명체가 살 수 있는 조건.

3 인간이 살기에 적당한 것이라고 과학자들이 예측한 외계 행성의 이름은 무엇인가요? |내용 파악|

_____

4 ㉠과 같은 조건의 영역을 부르는 말을 찾아 쓰세요. |내용 파악|

(1)　　　생명체 거주 가능 영역
_____

(2)
_____

(3)
_____

5 이 글의 내용으로 맞는 것에는 O, 틀린 것에는 X 하세요. |내용 파악|

(1) 항성은 스스로 빛을 낸다.　　　　　　　　　　　　　　　　(　　　)

(2) 태양계에는 9개의 행성이 있다.　　　　　　　　　　　　　(　　　)

(3) 위성은 스스로 빛을 내며 항성 주위를 돈다.　　　　　　　(　　　)

(4) 항성과 그 주위를 도는 행성을 행성계라고 한다.　　　　　(　　　)

(5) 행성은 스스로 빛을 내지 못하고 항성 주위를 돈다.　　　(　　　)

(6) 태양계 밖 항성 주변을 도는 행성을 외계 행성이라고 한다.　(　　　)

6 외계 행성에서 지구 생명체가 살 수 있는 조건 두 가지를 찾아 쓰세요. |내용 파악|

(1)
_____

(2)
_____

7 아래에서 설명하는 행성을 쓰세요. | 적용 |

> 태양계에서 생명체가 사는 유일한 곳이다. 이곳에서 생명체가 살 수 있는 까닭은 태양과 적당한 거리를 유지하고 있어 적당한 태양열(빛)을 받기 때문이다. 태양열(빛)을 이용해 식물이 광합성을 하여 양분을 만들면, 그것을 동물이 먹게 되면서 다양한 생물이 살아간다.

8 아래 글을 읽고, 빈칸에 들어갈 낱말을 고르세요. | 배경지식 |

> 우리나라 천문학자가 발견한 별과 그 주위를 돌고 있는 외계 행성에 이름이 붙여졌다. 투표를 통해 선정된 별 이름은 '백두', 외계 행성의 이름은 '(   )'이다. 평화 통일과 우리 민족의 번영을 기원하는 의미를 담아 북한과 남한을 대표하는 산이름에서 따왔다.

① 설악　　　　　　② 한라　　　　　　③ 금강
④ 태백　　　　　　⑤ 지리

9 빈칸을 채워 이 글의 내용을 정리하세요. | 요약 |

> 우주에는 수많은 항성, (   ), 위성, 성간 물질 등이 있다. 태양 주위를 도는 별을 행성, 태양 이외의 항성 주변을 도는 행성을 (   )이라고 한다.
> 　행성계에 (   )가 존재할 가능성이 있는 영역을 '생명체 거주 가능 영역'이라고 한다.
> 　현재 세계 여러 나라에서 외계 행성을 조사하고 있으며, 우리나라도 (   ) 사업을 통해 외계 행성을 찾고 있다.

사람과 가장 가까이 있고, 없으면 사람이 살 수 없지만 평소에는 그 소중함을 잊고 사는 것이 있다. 바로 공기다. 공기가 없으면 숨을 쉴 수 없어 지구의 모든 생물은 목숨을 잃는다. 또 공기가 없으면 우리는 아무런 소리를 들을 수 없다. 소리는 공기를 통해서 전달되기 때문이다.

우리에게 꼭 필요한 공기는 질소, 산소, 이산화탄소 등 여러 기체로 이루어져 있다. 그 가운데에서 가장 많은 것이 '질소'다. 공기의 약 78%를 차지하며 맛과 색이 없다. 우리 주변에서 질소를 이용한 사례를 쉽게 찾아볼 수 있는 것이 과자 봉지다. 봉지 안에 과자를 넣고 질소를 가득 채워 과자가 부서지는 것을 막는다. 또 비행기 바퀴나 자동차 에어백을 채우는데에도 사용한다. 기체뿐 아니라, 고체와 액체로도 질소를 이용한다. 농사를 지을 때 농작물에 영양분을 제공하는 비료는 질소 화합물로 이루어져 있다. 또 식품 등을 빠르게 냉동하거나, 혈액 등을 얼려 보관할 때 액체 상태의 질소를 이용한다.

공기 중에 두 번째로 많은 것은 '산소'다. 공기의 약 21%를 이루고 있으며, 질소와 마찬가지로 맛과 색, 냄새가 없다. 산소는 사람이 살아가는 데에 꼭 필요한 기체다. 사람이 들이마신 산소는 허파에서 혈액 속으로 들어간다. 그러면 심장은 ⊙ 그 혈액을 구석구석에 보내 우리 몸을 움직일 수 있게 한다.

산소는 잠수부나 소방관이 사용하는 공기통에도 쓰인다. 물속이나 연기가 가득한 곳에서는 산소가 부족하기 때문이다. 또 로켓을 쏘아 올릴 때 액체 연료로 쓰기도 하며, 불이 잘 타게 하는 성질이 있어 쇠붙이를 용접할 때도 이용한다.

식물이 살아가는 데에 꼭 필요한 이산화탄소도, 질소나 산소처럼 색깔과 냄새가 없다. 식

* 화합물: 두 종류 이상의 물질이 결합하여 만들어진 물질.
* 에어백: 자동차가 충돌할 때에, 순간적으로 탑승자 주위에서 공기 주머니가 부풀어 나와 충격을 감소하는 보호 장치.
* 허파: 가슴 속에 있는, 숨 쉬는 데에 쓰는 기관. ⑪ 폐
* 용접: 금속, 유리, 플라스틱 따위를 살짝 녹여 서로 이어 붙이는 일.
* 연료: 불타서 열, 빛, 움직이는 힘 등 에너지를 얻을 수 있는 물질.

물은 광합성을 통해 이산화탄소를 받아들이고 산소를 배출한다. 공기 중에 있는 이산화탄소의 양은 매우 적다. 하지만 하는 역할은 매우 크다. 지표에서 내보내는 열을 흡수하여 지구를 따뜻하게 만든다. 사람들은 이산화탄소를 여러 곳에 이용한다. 산소와는 반대로 불을 끄는 성질이 있어 이산화탄소를 소화기에 넣는다. 또 ㉡ <u>물에 녹는 성질을 이용해 음료수에 넣어 마신다</u>. 차가운 음식을 보관하기 위해 고체 이산화탄소인 드라이아이스를 사용하기도 한다.

수소는 지구에 존재하는 물질 가운데 가장 가볍다. 우주의 75%를 이루고 있는 흔한 원소지만 지구에는 아주 적은 양만 존재한다. 색깔과 맛, 냄새가 없으며, 불에 아주 잘 탄다. 또 타고 나면 물만 남기 때문에 친환경 연료로 손꼽힌다. 이러한 성질을 이용해 수소 자동차를 만들고 있다. 하지만 폭발성이 강해 다룰 때 주의가 필요하다.

헬륨은 ㉢ <u>무게가 수소 다음으로 가벼워 비행선이나 풍선 등을 공중으로 띄우는 데 사용한다</u>. 또 목소리를 재미있게 변조하는 데 쓰기도 한다. 하지만 많이 마시면 질식할 우려가 있다.

우리가 마시고 있는 공기는 여러 기체의 혼합물이다. ㉣ <u>지구에는 질소와 산소가 대부분을 이루고 있지만</u>, 이 밖에도 우리 생활에서 다양한 용도로 쓰이는 여러 기체가 섞여 있다.

* 지표: 지구의 표면. 땅의 겉면.
* 변조: 상태를 바꿈.
* 질식: 산소가 모자라 숨이 막히는 것.
* 혼합물: 둘 이상의 물질이 섞여 있는 것.

1 다음 글에서 설명하고 있는 낱말을 윗글에서 찾아 쓰세요. | 어휘 |

> 식물은 잎을 통해 햇빛과 이산화탄소를 받아들이고 뿌리로 물을 흡수하여 탄수화물과 산소를 만든다. 여기서 탄수화물은 영양분으로 사용하고 산소는 배출한다.

2 ⓒ처럼 이산화탄소를 물에 녹여 넣은 음료수를 뭐라고 하나요? | 어휘 |

_____

3 ㉠은 어떤 혈액을 말하나요? | 내용 파악 |

① 질소가 들어 있는 혈액.

② 산소가 들어 있는 혈액.

③ 몸속 찌꺼기를 담은 혈액.

④ 산소가 들어 있지 않은 혈액.

⑤ 질소가 들어 있지 않은 혈액.

4 기체와 그 기체를 이용하는 방법을 바르게 짝지으세요. | 내용 파악 |

질소	•	•	소화기
산소	•	•	친환경 자동차
이산화탄소	•	•	과자 봉지
수소	•	•	비행선
헬륨	•	•	용접

5 지구에서 가장 가벼운 물질은 수소입니다. 그런데도 ⓒ처럼 하는 까닭은 무엇일까요? | 추론 |

① 수소가 헬륨보다 비싸서.

② 수소는 폭발성이 있어 위험하므로.

③ 우주에는 수소가 헬륨보다 더 많아서.

④ 수소는 친환경 제품에만 사용해야 해서.

⑤ 수소가 너무 가벼워 우주까지 날아갈 수 있어서.

6 ②은 약 몇 퍼센트인가요? | 내용 파악 |

질소 + 산소 =   약 _____ %

7 이 글의 내용과 다른 것을 찾으세요. | 내용 파악 |

① 질소는 색깔과 냄새가 없다.

② 식물은 이산화탄소를 이용해 살아간다.

③ 우주에는 기체 가운데 수소가 가장 많다.

④ 지구에는 기체 가운데 산소가 가장 많다.

⑤ 공기가 없으면 옆 사람이 하는 이야기를 직접 들을 수 없다.

8 다음 설명과 가장 관계 깊은 기체를 빈칸에 찾아 쓰세요. | 배경지식 |

(1) 쇠를 공기 중에 두었더니 뻘겋게 녹이 슬었다.

_____

(2) 지구 대기를 오염하여 온실 효과를 일으킨다.

_____

　　오늘날 우리나라는 세계 10위권의 경제 대국이 되었다. 하지만 불과 100년 전만 해도 우리는 다른 나라의 식민지였다. 전쟁과 수탈로 폐허가 되었던 나라가 이렇게 발달한 것을 보고 세계인들은 '한강의 기적'이라고 한다.

　　1910년, 우리나라는 일본에 주권을 빼앗기고 식민지가 되었다. 일본은 우리나라를 빼앗은 데에 만족하지 않고 아시아까지 넘보며, ㉠□□□□□ 을 일으켰다. 그 후 일본은 우리나라에서 자원과 식량을 빼앗고 노동력을 착취했다.

　　1945년 광복을 맞이한 뒤, 우리나라는 남북으로 나뉘어 미국과 소련(현재 러시아)이 대신 정부를 세워 다스렸다. 그리고 3년 뒤, 남과 북이 각각 정부를 세웠다.

　　1950년에 한국 전쟁이 일어나면서 우리나라의 산업 시설이 대부분 파괴되었다. 3년 뒤에 한국 전쟁이 끝나자, 우리나라는 농업 중심에서 공업 중심으로 산업 구조를 바꾸려고 노력했다. 이때 다른 나라에서 경제적 도움을 받아 공장을 세웠다. 당시 중심을 이룬 산업을 '삼백 산업(밀가루, 설탕, 면직물의 세 가지 흰 제품을 만드는 산업)'이라고 한다.

　　1962년, 정부는 경제 개발 5개년 계획을 세워 국내 생산 제품을 수출하기 위해 노력했다. 그래서 정유 시설, 발전소, 고속도로, 항만 등을 건설했으며, 기업이 내는 세금을 내려 부담을 덜어 주었다. 이 시기에는 섬유, 신발, 가발, 의류 등 주로 경공업이 발달했다. 우리나라의 값싼 노동력을 이용해 싼 제품을 수출하여 경제를 성장시켰다.

　　1970년대에 들어 중화학 공업이 크게 성장했다. 철을 생산하면서 배, 자동차 등도 만들 수 있게 되었고, 화학 산업이 발달하여 플라스틱과 고무 제품 생산이 늘었다. 한국의 경제가 급격하게 성장한 시기였다. 하지만 1973년과 1978년, 석유 파동을 겪으면서 국가 경제가 흔들렸고, 물가가 많이 올라 국민도 피해를 받았다.

* 식민지: 정치적, 경제적으로 다른 나라에 속하여 국가로서의 주권을 상실한 나라.

* 수탈: 강제로 빼앗음.

* 착취: 다른 사람의 노동력에 대한 몫을 주지 않고 부당하게 빼앗음.

* 정유: 원유(땅에서 뽑아낸 그대로의 기름)를 쓰임에 맞는 여러 기름으로 뽑아내는 일.

* 항만: 배가 안전하게 머물거나, 화물과 사람이 육지로 오르내리기에 편하게 만든 곳.

* 경공업: 부피에 비해 가벼운 물건을 만드는 공업. 섬유, 식품, 고무 등의 공업이 있다.

1980년대 초에는 석유 파동의 영향으로 경제 성장이 적었지만, 중반 이후 성장률이 많이 올랐다. 기계, 전자 산업이 발달하여 텔레비전뿐 아니라 배와 자동차까지 수출했다. 그로 인해 수출액과 국민 소득이 빠르게 증가하여 국민의 생활 수준이 크게 향상했다.

1990년이 되면서, 새로운 산업들이 나타나기 시작했다. 세계적으로 개인용 컴퓨터가 보급되자 국내 기업들도 컴퓨터를 개발했다. 우리나라는 컴퓨터의 핵심 소재인 반도체를 잘 만들었다. 컴퓨터가 보급되면서 전국에 정보 통신망이 깔렸다. 이후 인터넷을 이용한 다양한 기업이 생겨났고, 기존 산업들도 인터넷을 이용하기 시작했다. 1990년대 후반, 호황만 이어질 것 같던 한국 경제에 큰 사건이 벌어졌다. 외환 위기가 닥쳐 IMF(국제 통화 기금. 국제 연합의 경제 기관)에서 경제 지원을 받았다. 하지만 금 모으기 운동 등 전 국민의 노력으로 2001년 IMF 관리 체제에서 벗어났다.

2000년대에 접어들면서 생명 공학, 항공 우주, 신소재, 로봇 등 첨단 산업이 크게 발달했다. 또 대중가요나 드라마, 영화 등이 세계에 알려지면서 우리 문화와 관련한 상품과 관광지가 큰 인기를 끌었다. 2008년에는 세계 금융 위기가 찾아와 경기가 침체하였지만 곧 위기에서 벗어나 2010년대에는 경제 선진국 대열에 합류했다.

경제가 발달하면서 긍정적인 면만 있었던 것은 아니다. 2000년대 이전 경제 발전 과정에서, 정부는 기업에 혜택을 주었지만 노동자를 위한 복지는 제대로 챙기지 못했다. 기업도 노동자의 권리와 임금을 제대로 인정해 주지 않다 보니, 이 과정에서 노동자와 자본가 사이에 갈등이 일어났다. 또 자본가에 비해 노동자들의 경제 상황이 나아지지 않아 빈부의 격차가 심해졌다.

정부가 수출이 가능한 대기업 위주로 지원하다 보니 대기업과 중소기업 사이에 불균형도 심해졌다. 공업 중심의 경제 개발로 인해, 사람들은 점점 공장이 있는 도시로 몰려들었고 도시와 농어촌 간에 불균형도 생겨났다. 또 자원을 무분별하게 사용하다 보니 자연이 훼손되고 환경이 오염되었다. 노동자들은 경제 활동 시간 증가에 따른 과로, 경쟁, 스트레스 등으로 병이 들거나 심지어 죽음에 이르기까지 했다.

* 중화학: 중공업(부피에 비해 무거운 물건을 만드는 공업)과 화학 공업(화학적 원리와 변화를 응용하여 새로운 물질을 만들어 내는 공업)을 아울러 이르는 말.
* 석유 파동: 1973년과 1978년, 석유 가격 폭등으로 세계 경제가 큰 혼란을 겪은 일.
* 호황: 경기(경제 활동 상태)가 좋은 상황.
* 외환: 한 나라에 있는 다른 나라의 돈.
* 신소재: 기존에는 없던, 뛰어난 특성을 지닌 소재.

1 이 글의 주제를 찾으세요. |주제|

① 우리나라의 가난했던 과거.

② 우리나라 주변에서 벌어진 전쟁.

③ 우리나라 과거와 미래의 경제 성장.

④ 우리나라 경제 성장과 그 과정에서 발생한 문제점.

⑤ 일본이 우리나라를 강제 점령한 뒤에 발생한 문제점.

2 다음 글을 읽고, ㉠에 들어갈 전쟁을 찾으세요. |배경지식|

> 1941년부터 1945년까지 일본과 연합국 사이에 벌어진 전쟁. 제2차 세계 대전의 일부로, 일본이 진주만을 공격하여 시작했으며, 일본의 항복으로 끝났다.
>
> * 연합국: 제2차 세계 대전 때, 추축국(독일, 이탈리아, 일본과 그 나라들을 지지한 나라)과 싸운 여러 나라.
> * 진주만: 미국 하와이주 오아후 섬에 있는 만(육지 안쪽으로 바다가 깊숙이 들어온 곳).

① 임진왜란   ② 한국 전쟁   ③ 러일전쟁

④ 청일전쟁   ⑤ 태평양 전쟁

3 다음은 우리나라 경제 성장 과정에서 생긴 문제점입니다. 이 글의 내용과 <u>다른</u> 것을 찾으세요.

|내용 파악|

① 공업화 때문에 환경이 오염되었다.

② 석유를 채취하면서 환경을 많이 파괴했다.

③ 농어촌과 도시가 고르게 발전하지 못했다.

④ 대기업과 중소기업의 성장이 균형을 이루지 못했다.

⑤ 자본가에 비해 노동자의 경제 상황은 별로 나아지지 않았다.

4 이 글의 내용으로 맞는 것에는 O, 틀린 것에는 X 하세요. | 내용 파악 |

① 우리나라는 현재 경제 선진국이다. ( )

② 1970년대에 세 차례 석유 파동을 겪었다. ( )

③ 100년 전, 우리나라는 다른 나라의 식민지였다. ( )

④ 광복을 맞이한 1945년, 우리나라는 스스로 정부를 구성하였다. ( )

⑤ 경제 개발 과정에서 자원을 무분별하게 사용하여 환경이 오염되었다. ( )

⑥ 우리나라는 1990년대 후반에 외환 위기가 닥쳐 IMF의 경제 지원을 받았다. ( )

5 각 시대에 발달한 산업을 알맞게 연결하세요. | 내용 파악 |

(1) 1960년대 •   • 기계, 전자 산업

(2) 1970년대 •   • 경공업

(3) 1980년대 •   • 첨단 산업

(4) 1990년대 •   • 중화학 공업

(5) 2000년대 •   • 컴퓨터, 인터넷

6 우리나라 경제 발전의 과제를 얘기했습니다. 이 글의 내용과 가장 거리가 먼 것을 고르세요. | 추론 |

① 민주: 노동자들이 일하면서 병들지 않는 환경을 만들어 주면 좋겠어.

② 수정: 자연과 환경을 지키면서 경제 발전을 이루어야 한다고 생각해.

③ 준우: 노동자들의 이익과 복지를 위해 정부가 더 노력해야 할 것 같아.

④ 희민: 대기업이 성장하려면 중소기업이 받쳐 주어야 해. 중소기업의 희생이 중요해.

⑤ 성겸: 자본가들도 기업의 이익뿐 아니라 노동자들의 삶을 돌아보려는 노력이 필요해.

[가]

우리 생활에 영향을 주는 태풍, 지진, 해일, ㉠ ☐☐☐☐ 등의 자연 현상을 자연재해라고 한다. 그 가운데 지진은 지구 내부가 움직여 땅이 흔들리는 현상이다.

지진이 생기는 가장 큰 이유는, 여러 판으로 이루어진 땅이 움직이기 때문이다. 이렇게 지각이 넓은 판 여러 개로 이루어져 있다는 이론을 '판 구조론'이라고 한다. 이 판들이 천천히 움직이며 서로 부딪히거나 밀고 당기면서 판의 경계 부분에 마찰이 생긴다. 그때 에너지를 분출하면서 땅이 흔들리거나 화산이 폭발하고, 산맥이 솟아나기도 한다.

지진이 발생하면 지진계를 이용해 그 세기를 알 수 있다. 지진의 세기를 나타내는 방법에는, 1935년 미국의 지진학자 리히터가 개발한 '리히터 규모'가 있다. 이것은 지진파를 측정해 지진의 에너지를 알아내는 방법이다. 에너지의 크기를 나타내기 때문에 장소와 상관없이 크기가 정해진다. 리히터 규모는 10단계까지 있는데, 단위가 1.0 증가할 때마다 에너지는 32배 정도 커진다.

대한민국 기상청에서 지진의 세기를 알리는 방법은 '수정 메르칼리 진도 계급'이다. 1902년에 이탈리아 지진학자 메르칼리가 만든 것을, 수정·보완하여 12단계로 구성했다. 이 방법은 사람이 느끼는 정도와 건물의 피해 정도를 기준으로 지진의 세기를 나타낸다. 주로 낮은 계급에서는 사람의 감각을, 높은 계급에서는 건축물의 손상 정도를 나타낸다.

사람은 대부분 진도 2까지는 알아차리기 힘들다. 진도 3은 실내, 특히 고층에 있는 사람들이 느낄 수 있다. 진도 4부터는 실내에 있는 사람들 대부분이 지진을 느낀다. 창문이나 문이 흔들리고 자던 사람이 깨기도 한다. 진도 5는 거의 모든 사람이 진동을 느끼고, 물체가 쓰러지거나 창문이 깨지기도 한다. 진도 6은 모든 사람이 느끼며, 가구가 움직이고 건물에 금이 가기 시작한다. 진도 7의 지진에서는 사람들이 서 있기가 어렵고, 튼튼하게 지어지지 않은 건물은 부서지기도 한다. 진도 8에서는 건물의 기둥과 벽이 무너지고 집 안의 가구가 쓰러지며 땅이 갈라진다. 진도 9에서는 잘 지어진 건물도 큰 피해를 받고 땅이 물기를

* 지각: 지구의 바깥쪽 부분.

머금어 액체처럼 약해진다. 진도 10이 되면 건물 대부분이 무너지고 땅이 갈라져 기찻길이 휜다. 진도 11에서는 건물 대부분이 사라지고 다리가 무너지며, 땅에 넓은 틈이 생겨 지하에 묻힌 배관들이 파괴된다. 산사태가 일어나기도 한다. 마지막 진도 12의 지진이 발생하면 지상의 모든 것이 파괴된다. 지표면이 심각하게 뒤틀리고 물체가 공중으로 튀어 오른다.

지진이 육지가 아니라 바다에서 발생하면 '지진 해일'이 일어나기도 한다. 일본말로 '쓰나미'라고 하는데, 해저에서 일어난 지진의 충격으로 거대한 파도가 해안으로 몰려오는 것을 말한다. 바다 밑의 해양 지각에서 지진이 발생해 지각의 높이가 달라지면 그 위의 물이 위아래로 출렁이고, 이것이 육지 쪽으로 이동하면서 거대한 파도를 만든다. 출렁이는 파도는 깊은 바다에서는 그리 심하게 보이지 않지만, 깊이가 얕아지는 해안으로 올수록 점점 빠른 속도로 몰아닥친다.

[나]

판 구조론을 제일 먼저 주장한 사람은 독일의 과학자 베게너다. 사실 베게너가 처음 주장한 것은 대륙 이동설이었다. 먼 옛날 지구의 대륙은 거대한 한 덩이였는데 그 대륙이 갈라진 뒤, 수억 년 동안 서서히 움직여 오늘날과 같은 지형을 이루었다는 이론이다. ⓒ 아프리카 서해안과 ⓒ 남아메리카 동해안의 모양이 꼭 들어맞는다는 점, 바다를 사이에 두고 멀리 떨어져 있는 대륙의 바위들이 서로 비슷하다는 점, 그리고 열대 지방에서 빙하의 흔적이 발견되었다는 점, 멀리 떨어진 두 대륙에서 같은 생물의 화석이 나타났다는 점, 이렇게 네 가지 증거를 제시하며 대륙 이동설을 주장했다.

하지만 베게너가 제시한 증거에도 불구하고 당시 사람들은 베게너의 이론에 귀를 기울이지 않았다. 대륙이 움직이려면 엄청나게 큰 에너지가 있어야 하는데 베게너는 그 에너지를 설명하지 못했기 때문이었다. 또 고체인 지구가 그렇게 움직일 수 없다는 생각도 그 까닭이었다.

베게너가 죽은 지 30여 년이 흘러 해저를 탐사할 수 있을 만큼 과학과 기술이 발달하였다. 사람들이 해저에서 지각 이동의 흔적을 발견하자 과학자들은 베게너의 이론에 관심을 쏟기 시작했다. 마침내 대륙 이동설은 판 구조론이라는 이름으로 세상에 다시 알려졌다.

* 배관: 가스, 수돗물 같은 것을 보내려고 깔아 놓은 관.
* 해일: 갑자기 파도가 크게 일어 육지로 넘쳐 들어오는 현상.
* 해저: 바다의 밑바닥.

1 [가]의 중심 소재는 무엇인가요? |핵심어|

① 태풍　　　　　　② 지진　　　　　　③ 지진의 세기

④ 리히터 규모　　　　⑤ 수정 메르칼리 진도 계급

2 판 구조론에 대한 설명으로 옳은 것을 찾으세요. |내용 파악|

① 태풍의 원인을 밝힌 이론이다.

② 지진을 12단계로 나누어 설명한다.

③ 찰스 리히터가 처음 주장하였다.

④ 지각이 넓은 판 여러 개로 이루어져 있다는 내용이다.

⑤ 화산이 폭발하여 지진이 일어난다는 내용을 담고 있다.

3 다음은 베게너의 대륙 이동설을 뒷받침하는 근거입니다. 빈칸에 알맞은 낱말을 쓰세요. |내용 파악|

(1)　아프리카 서해안과 남아메리카 ＿＿＿＿＿＿＿＿＿＿ 의 모양이 꼭 들어맞는다.

(2)　멀리 떨어져 있는 대륙의 ＿＿＿＿＿＿＿＿＿ 들이 서로 비슷하다.

(3)　열대 지방에서 ＿＿＿＿＿＿＿＿＿ 의 흔적이 발견되었다.

(4)　멀리 떨어진 두 대륙에서 같은 생물의 ＿＿＿＿＿＿＿＿＿ 이 나타났다.

4 바다에서 지진이 발생해 생긴 거대한 파도로, 쓰나미라고도 불리는 것은 무엇인가요? |내용 파악|

＿＿＿＿＿＿＿＿＿＿＿＿＿＿＿＿＿＿

5 다음 중 ㉠에 들어갈 수 <u>없는</u> 것은 무엇인가요? | 배경지식 |

① 가뭄   ② 폭설   ③ 황사

④ 우박   ⑤ 무지개

6 다음 지도에서 ㉡과 ㉢을 찾아 그 부분에 동그라미하고 ㉡과 ㉢을 표시 하세요. | 배경지식 |

7 위 지도에서 ㉮는 어느 나라일까요? 다음 설명을 읽고 나라 이름을 찾아 쓰세요. | 배경지식 |

> 태평양 주변에서 지진과 화산 활동이 자주 일어나는 지역을 가리켜, '환태평양 조산대'라고 한다. 다른 말로, 이 지역이 고리 모양이라서 '불의 고리'라고도 부른다. 칠레, 미국, 일본, 대만, 필리핀, 인도네시아, 뉴질랜드 등이 여기에 속한다.
> 특히 ㉮는 유라시아판, 북아메리카판, 필리핀판, 태평양판 등의 경계 부위에 있어 지진이 자주 발생한다.

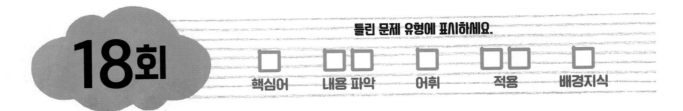
발전소에서는 우리가 사용하는 전기를 생산한다. 우리나라에는 수력·화력·조력·태양열·원자력 발전소 등이 있다. 그중 원자력 발전에 대해서는 발전소를 늘려야 한다는 의견과 줄여야 한다는 의견이 맞서고 있다.

[가]

우리가 사용하는 냉장고, 텔레비전, 컴퓨터 등은 전기가 있어야만 사용할 수 있다. 따라서 전기를 사용하지 못한다면 우리는 일상생활에 큰 어려움을 겪게 된다. 현재 우리나라에 공급되는 전기의 60% 이상은 화력 발전소에서 만든다. 하지만 화석 연료는 곧 고갈될 위기에 놓여 있고, 연료를 태울 때 발생하는 연기는 환경 오염을 일으킨다. 이를 해결하기 위한 방법이 원자력 발전이다.

원자력 발전은 친환경 에너지다. 석탄이나 석유같은 화석 연료를 이용해 전기를 만드는 화력 발전은, 연료를 태울 때 이산화탄소 등의 온실가스가 발생해 지구 온난화를 일으킨다. 하지만 우라늄을 원료로 전기를 만드는 원자력 발전은 원자의 핵분열을 이용하기 때문에 온실가스를 거의 배출하지 않는다.

원자력 발전은 저렴하게 전기를 생산할 수 있다. 원자력 에너지원인 우라늄은 다른 에너지원에 비해 값이 싸다. 2020년 2월 기준으로 전력 생산 단가를 비교해 보면, 1킬로와트시(KWh)당 원자력 60원, 태양광 120원, 석유 250원, 석탄 91원이다. 또 우라늄 1킬로그램에 들어 있는 에너지의 양은 석탄 300만킬로그램과 맞먹는다. 이런 이유로 우리나라에서 공급하는 전력의 약 30%는 원자력 발전소에서 만들어지고 있다.

원자력 발전은 안정적으로 전기를 생산할 수 있다. 태양광·풍력·조력 등의 대체 에너지는 여러 가지 단점이 있다. 예를 들어, 태양광은 흐린 날이나 밤에는 발전이 어렵고, 풍력

* 원자력: 원자핵이 쪼개지거나 합해질 때 방출되는 에너지.
* 핵분열: 원자핵이 많은 에너지를 내뿜으면서 두 개의 원자핵으로 나누어지는 현상.
* 우라늄: 자연에 있는 금속 가운데 가장 무거운 금속. 원자력 발전소에서 원료로 쓴다.
* 에너지원: 에너지의 근원이 되는 것. 석유, 석탄, 태양열, 우라늄 등.
* 킬로와트시: 시간당 사용하는 전력의 양을 나타내는 단위.

은 바람이 불지 않으면 발전이 불가능하며, 조력은 파도의 세기에 따라 전력 생산량이 다르다. 하지만 우라늄은 전 세계에 고르게 매장되어 있어 안정적으로 전기를 생산할 수 있다.

　우리나라는 에너지 자원이 부족한 국가다. 그러므로 값이 싸고 효율성이 높은 원자력 발전소를 더 늘려야 한다.

[나]

　㉠ 원자력 발전이란 핵분열에서 발생한 열에너지로 물을 끓여서 전기를 생산하는 방식이다. 우리나라는 여러 기의 원자력 발전소를 가동하고 있다. 하지만 점차 원자력 발전소를 줄여 나가야 한다. 그 이유는 다음과 같다.

　㉡ 첫째, 원자력 발전에는 막대한 비용이 든다. 원자력 발전소를 건설하는 데에도 3조 원 이상이 들고, 오래된 원자력 발전소를 폐쇄하는 데에도 수천억 원의 비용이 발생한다. 또 방사선 폐기물 처리장을 짓고 관리하는 데도 큰 비용이 들어간다. 이 비용까지 고려한다면 원자력 발전은 전혀 저렴한 발전 방식이 아니다.

　㉢ 둘째, 인간에게 치명적인 위험을 줄 수 있다. 우라늄의 핵분열 과정에서 나오는 방사선은 기형아 출생, 암 발생, 유전자 변형 등 인간뿐 아니라 자연 생태계 전반적으로 피해를 준다. 따라서 원자력 발전소에서 사고가 나면 엄청난 재앙이 따른다. 또 원자력 발전을 하고 배출된 핵폐기물에서도 방사선이 나와, 핵폐기물 처리장 근처에 사는 사람들은 질병에 노출될 위험이 있다.

　㉣ 셋째, 원자력 발전은 친환경이 아니다. 원자력 에너지원인 우라늄의 채굴과 운반, 원자력 발전소의 건설과 유지, 핵폐기물 처리 등의 과정에서 화석 연료가 사용된다. 또 우라늄을 농축하는 동안 프레온 가스도 방출된다. 이로 인해 지구 온난화를 일으킬 뿐만 아니라 오존층이 파괴된다.

　㉤ 원자력을 대신할 에너지는 여러 가지가 있다. 태양광, 수소, 폐기물 에너지 등 많은 종류의 신재생 에너지가 있다. 원자력 에너지에 대한 의존도를 낮추고, 자원 고갈과 환경 오염을 해결할 새로운 에너지를 찾는 일에 노력을 기울여야 한다.

---

* 조력: 썰물과 밀물 때 바닷물이 흐르는 힘. 이를 이용해 전기를 만드는 것이 조력 발전이다.

* 방사선: 우라늄이 핵분열할 때 원자핵이 쪼개지면서 나오는 전자파.

* 농축: 농도를 진하게 만드는 것.

* 프레온 가스: 냉장고나 에어컨에 넣어 온도를 낮추거나, 스프레이를 만드는 데 쓰는 기체.

* 오존층: 오존(독한 냄새가 나는 푸른색 기체로, 살균이나 소독 등에 쓴다)이 많이 있는 공기층.

1 [가]와 [나]에서 중심으로 삼은 대상은 무엇인가요? | 핵심어 |

① 전기   ② 우라늄   ③ 화력 발전

④ 온실가스   ⑤ 원자력 발전

2 [가]에서 주장하는 내용은 무엇인가요? | 내용 파악 |

① 전기를 아껴야 한다.   ② 원자력 발전소를 더 늘려야 한다.

③ 대체 에너지를 개발해야 한다.   ④ 원자력 발전소를 줄여나가야 한다.

⑤ 환경 오염을 일으키지 말아야 한다.

3 [가]의 주장을 뒷받침하는 근거가 <u>아닌</u> 것을 고르세요. | 내용 파악 |

① 원자력 발전은 친환경 에너지다.

② 원자력 발전은 전기 생산 비용이 적게 든다.

③ 원자력 발전소를 건설하려면 비용이 많이 든다.

④ 우리나라 전력 공급의 30%는 원자력 발전소에서 만든다.

⑤ 우라늄은 전 세계에 고르게 매장되어 있어 안정적으로 전기를 공급할 수 있다.

4 아래에서 설명하는 것을 [나]에서 찾아 쓰세요. | 어휘 |

> 기존에 쓰이던 석유, 석탄, 원자력 등이 아니라, 수소 에너지, 연료 전지 등의 신에너지와 태양, 지열, 조력, 바람처럼 자연계에 있으면서 계속 써도 다시 공급되는 재생 에너지를 합친 말이다. 화석 연료 고갈 문제와 환경 오염 문제를 해결할 수 있다.

_____

5 [나]와 생각이 같은 사람은 누구인가요? | 적용 |

① 인우: 원료의 단가가 싸더라도 사람의 안전을 위협한다면 사용해서는 안 돼.

② 정민: 원자력 발전은 지구 온난화를 해결하는 데 매우 중요한 에너지원이야.

③ 혜라: 우리나라는 지진 발생 빈도가 낮고 강도도 약해서 원자력 발전소가 폭발할 위험이 적어. 그리고 강도 높은 지진에도 안전하도록 발전소를 만들어.

④ 주혁: 원자력 발전소가 건설되면 일자리 증가 등 여러 가지 경제적인 효과를 기대할 수 있어.

⑤ 규리: 우리나라는 화석 연료의 90% 이상을 수입에 의존하고 있어. 그보다 값싼 우라늄을 수입해 전기를 생산하는 게 훨씬 경제적이야.

6 아래의 글이 어울리는 문단을 [나]의 ㉠ ～ ㉤ 가운데에서 고르세요. | 적용 |

1986년 체르노빌(우크라이나에 있는 도시) 원자력 발전소 폭발로 5년 동안 약 7천 명이 죽고, 수십만 명의 환자가 나왔다. 2011년에는 후쿠시마 원자력 발전소가 바닷물에 잠겨, 주변의 땅과 물이 오염되고 사람들이 여러 가지 병을 앓게 되었다.

7 아래에서 설명하는 국제기구는 무엇인가요? | 배경지식 |

1945년, 일본 히로시마에 원자 폭탄이 떨어져 약 8만 명이 죽었다. 이후 세계 여러 나라에서는 우라늄을 이용해 전쟁에 사용할 핵무기를 만들었다. 이에 유엔(UN, 국제연합)에서 기구를 만들어 원자력이 군사 목적으로 사용되지 않도록 막고 있다.

① 세계 보건 기구   ② 국제 평화 기구   ③ 핵 확산 금지 조약

④ 국제 원자력 기구   ⑤ 경제 개발 협력 기구

지구가 점점 뜨거워지고 있다. 이산화탄소 같은 온실가스가 지구를 둘러싸서, 대기의 열이 지구 밖으로 배출되지 못해 기온이 높아지고 있기 때문이다. 이러한 현상을 '지구 온난화'라고 한다. 온실가스는 지구의 공기를 오염시켜 온실 효과를 일으키는 가스로 이산화탄소, 메탄, 아산화질소, 프레온 가스, 오존 등이 있다.

지구 곳곳에서 내뿜는 온실가스의 80%는 이산화탄소다. 이산화탄소는 석유, 석탄 같은 화석 연료를 사용할 때 주로 배출된다. 화력 발전소, 공장의 매연, 자동차의 배기가스 등에서 많은 양이 배출되며, 일상생활에서 전기나 도시가스, 냉·온수를 사용할 때도 발생한다. 따라서 지구 온난화를 막으려면 이산화탄소 배출량을 줄여야 한다.

그러려면 우리가 일상생활에서 얼마만큼의 이산화탄소(CO_2)를 발생시키고 있는지 알아야 한다. 즉, '탄소 발자국'을 알아야 한다. 이는 사람이 활동하거나, 상품을 만들고 쓰고 버리는 과정에서 나오는 이산화탄소의 양을 발자국에 비유해서 표현한 것이다. 이산화탄소 배출량을 줄이자는 취지로, 2006년 영국의 과학기술처에서 만들었다. 무게 단위인 kg 또는 우리가 심어야 하는 나무 수(그루)로 표시한다. 예를 들어, 과자 봉지에 'CO_2 250g'이라고 표시되어 있으면, 과자 한 봉지를 먹을 때마다 이산화탄소 250g이 배출된다는 뜻이다.

가정에서도 우리가 남긴 탄소 발자국을 계산해 볼 수 있다. 한 달 동안 사용한 전기와 가스, 수도의 양은 물론, 쓰레기 배출량, 또 자동차의 월별 이동 거리나 연료 소비량을 보면 이산화탄소 배출량을 알 수 있다. 우리가 한 달 동안 이용하는 버스나 지하철의 탑승 시간도 탄소 발자국을 계산하는 항목에 포함된다.

우리가 조금만 관심을 기울이면 일상생활에서 실천할 수 있는 것이 더 많이 있다.

텔레비전이나 컴퓨터 등은 전원을 꺼도 전선이 콘센트에 연결되어 있으면 전기가 소모된다. 따라서 사용하지 않는 전자제품은 플러그를 뽑아 놓는다. 그러면 일 년에 한 달분의 전기를 아낄 수 있고, 그만큼 이산화탄소 배출량도 줄어든다. 백열등이나 형광등보다 엘이디

* 온실 효과: 온실처럼 빛은 받아들이고 열은 내보내지 않아서 지구의 온도를 높이는 작용.
* 대기: 지구를 둘러싸고 있는 기체(공기).
* 화석 연료: 생물이 땅속에 묻혀 화석처럼 굳어져 연료로 이용하는 물질. 석유, 석탄, 천연가스 등이 있다.

(LED) 조명을 사용하는 것도 전기를 절약하는 방법이다.

　겨울철에 실내 온도를 1℃ 낮추면 연간 231kg의 이산화탄소가 줄며, 샤워 시간을 1분 줄이면 연간 7kg의 이산화탄소가 준다. 또 종이컵 대신 머그잔을 사용하면 이산화탄소 배출량을 줄일 뿐 아니라 환경도 보호할 수 있다.

　마트에서도 '탄소 발자국' 라벨이나 '저탄소 제품' 라벨이 붙은 제품을 구매한다. 이는 제품의 생산에서 유통 그리고 소비하는 과정에서 발생하는 이산화탄소의 배출량을 제품 겉면에 표기한 것으로, '환경성적표지 제도'라고 한다. 제품을 생산하는 기업들이 자발적으로 신청하면 환경부에서 심사를 거쳐 인증해 주는 제도다. 식품이나 생활용품, 전자 제품 등 모든 물품에서 볼 수 있다. 소비자가 이러한 탄소 라벨이 붙은 물건을 사는 것만으로도 지구의 환경에 도움이 된다.

　이처럼 우리가 일상생활에서 조금씩 실천하고 노력하여 탄소 발자국을 줄이면, 지구의 온난화를 막을 수 있을 것이다.

* 엘이디(LED): 전류가 흐르면서 빛을 내는 조명의 한 종류.
* 라벨: 상품에 붙여 놓은 표시. 가격, 상품명 등이 글자나 그림으로 인쇄되어 있다.
* 저탄소: 오염물질이 잘 발생하지 않는 에너지를 사용해 온실가스를 줄이는 것.

1 빈칸에 알맞은 낱말을 넣어 이 글의 제목을 지어 보세요. | 제목 |

지구 ☐☐☐ 와 탄소 ☐☐☐

2 '지구 온난화'가 무엇인지 이 글에서 찾아 쓰세요. | 내용 파악 |

_____

_____

3 사람이 활동하거나, 상품을 만들고 쓰고 버리는 과정에서 나오는 이산화탄소의 양을, 인간이 남기는 발자국에 비유해서 표현한 말은 무엇인가요? | 내용 파악 |

_____

4 다음 중 지구 온난화에 가장 크게 영향을 미치는 온실가스를 고르세요. | 내용 파악 |

① 오존   ② 메탄
③ 이산화탄소   ④ 아산화질소
⑤ 프레온 가스

5 이 글의 내용과 같은 것을 고르세요. | 내용 파악 |

① 탄소 발자국의 단위는 kg이다.
② 탄소 발자국은 미국에서 만들었다.
③ 일상생활에서는 온실가스가 발생하지 않는다.
④ 이산화탄소는 화석 연료를 사용할 때만 배출된다.
⑤ 아산화질소는 전체 온실가스의 80%를 차지한다.

6 이 글에서 알 수 있는 내용이 <u>아닌</u> 것은 무엇인가요? | 내용 파악 |

① 지구 온난화의 뜻.
② 탄소 발자국의 뜻.
③ 온실가스 줄이는 방법.
④ 지구 온난화로 인한 피해 사례.
⑤ 이산화탄소 배출량을 줄여야 하는 까닭.

7 가정에서 탄소 발자국을 계산해 볼 수 있는 항목이 <u>아닌</u> 것을 고르세요. **| 내용 파악 |**

① 가스 사용량.

② 쓰레기 배출량.

③ 자전거 이용 시간.

④ 자동차의 연료 소비량.

⑤ 버스나 지하철 이용 시간.

8 이산화탄소의 배출량이 줄어드는 것과 관련 있는 것을 고르세요. **| 추론 |**

① 자동차 사용의 증가.

② 태양 전지를 이용하는 주택의 증가.

③ 제품 생산을 위한 공장의 연료 사용 증가.

④ 냉난방에 쓰이는 석탄·석유와 천연가스 사용 증가.

⑤ 공기 중의 이산화탄소를 빨아들이는 역할을 하는 열대우림의 파괴.

9 다음은 지구 온난화로 발생하는 현상입니다. 이 내용과 관련 <u>없는</u> 것을 고르세요. **| 추론 |**

> 바닷물 온도가 높아지면서 극지방의 빙하가 녹고 있다. 북극의 빙하는 녹더라도 바닷물의 높이가 크게 변하지 않는다. 그러나 남극 대륙의 빙하가 녹으면 바다로 흘러들어 바닷물의 높이에 영향을 준다. 전문가들은 남극 대륙의 빙하가 전부 녹으면 해수면이 70m 정도 상승할 것이라고 한다.
>
> * 빙하: 오랜 기간 눈이 쌓여 크게 얼어붙은 얼음덩어리.
> * 해수면: 바닷물의 표면.

① 북극곰이 살기 어려워진다.

② 해안가 도시가 물에 잠긴다.

③ 일부 동식물이 멸종 위기에 처한다.

④ 가뭄, 홍수, 태풍 등 자연재해 발생률이 감소한다.

10 탄소 발자국을 줄이는 방법을 바르게 실천하지 <u>못한</u> 사람을 고르세요. ┃적용┃

① 혜정: 물건을 살 때 저탄소 제품을 골랐어.

② 재원: 샤워 시간을 줄이고, 물을 아껴서 썼어.

③ 수연: 컴퓨터를 사용한 후에 플러그를 뽑아 두었어.

④ 환희: 내 방에 있는 등을 엘이디 등에서 형광등으로 바꿨어.

⑤ 하율: 겨울에는 내복을 입고, 실내 온도를 1℃ 낮추기로 했어.

11 빈칸을 채워, 아래 라벨의 내용을 설명하세요. ┃적용┃

기업체는 환경부에서 이산화탄소 배출량을 인증받아, 생산 제품에 위와 같은 라벨을

붙일 수 있다. 이를 '　　　　　　 제도'라고 한다.

왼쪽은 탄소 발자국 인증 마크로, 제품을 생산해서 소비할 때까지 배출되는 온실가스

발생량을 　　　　　 로 환산해 보고한 기업의 제품에 부여한다.

오른쪽은 　　　 제품 인증 마크로 탄소 발자국 인증을 받은 제품 중에

서, 지속적으로 온실가스 배출량을 감축하는 제품을 정부가 인증해 주는 제도다.

[가]

1854년, 미국 대통령이 파견한 백인 대표자들이 인디언 추장을 찾아와 그들이 살고 있는 땅을 팔라고 제안했다. 백인 정부는 인디언들이 살던 땅을 차지하는 대신 그들이 평화롭게 살 수 있는 보존 지구를 주겠다고 했다. 여기에 대해 인디언 추장 '시애틀'은 미국 대통령 '프랭클린 피어스'를 향해 다음과 같이 말했다.

[나]

<u>⊙ 워싱턴 대추장에게</u>

우리가 살고 있는 땅을 사고 싶다는 당신의 편지는 잘 받았다. 우리는 당신의 제안을 진지하게 생각해 볼 것이다. 우리가 땅을 팔지 않으면 당신들이 총을 들고 와서 땅을 빼앗을 것이라는 사실을 잘 알고 있다.

그런데 당신들은 어떻게 저 하늘이나 땅을 사고팔 수 있다고 생각하는가? 우리로서는 이해하기 어려운 생각이다. 신선한 공기와 반짝이는 물은 우리가 소유하고 있는 것이 아니다. 그런데 어떻게 그것들을 팔 수 있겠는가?

우리에게는 이 땅의 모든 것이 신성하다. 빛나는 솔잎, 모래벌판, 어두운 숲속 안개, 맑고 나지막한 소리로 노래하는 벌레들, 이 모두가 우리의 기억과 추억 속에 신성한 것으로 남아 있다. 백인은 죽어서 별로 돌아갈 때에 그들이 태어난 고향을 잊어버린다. 그러나 우리는 결코 이 아름다운 땅을 잊지 않는다. 왜냐하면 땅은 바로 우리의 어머니이기 때문이다. 우리는 땅의 한 부분이고, 땅은 우리의 한 부분이다. 또, 향기로운 꽃은 우리의 자매요, 사슴, 말, 위대한 독수리는 우리의 형제다.

계곡과 강을 흐르는 반짝이는 물은 단순한 물이 아니라 우리 조상들의 피다. 만약, 우리가 이 땅을 당신에게 판다면 이 땅이 신성한 것이라는 사실을 기억해야만 한다.

* 인디언: 아메리카 대륙이 발견되기 전부터 그곳에서 살고 있던 원주민.

* 추장: 원시 사회에서, 그 부족의 우두머리.

* 보존 지구: 중요하거나 가치가 있어서 보호와 보존을 위해 지정한 지역.

* 신성하다: 함부로 할 수 없이 중요하고 거룩하다.

또, 당신의 자녀들에게 그것이 신성한 것임을 가르쳐야 한다. 강은 우리의 형제다. 강은 우리의 갈증을 풀어 주고, 카누를 날라 주고, 아이들을 먹여 준다. 만약, 우리가 당신에게 땅을 팔면 당신은 당신의 아이들에게 강은 우리 형제의 것이며 또한 당신들의 것임을 가르쳐야 한다.

당신들은 어머니인 땅과 그 형제를 마치 양이나 목걸이처럼 사고팔 수 있는 것으로 대한다. 당신들의 욕심은 땅을 삼켜 버리고 사막만을 남겨 놓을지도 모른다. 우리가 살아가는 방식은 당신들과 다르다. 당신들이 사는 곳은 우리에게 고통스럽다. 백인의 도시에는 조용한 곳이 없다. 봄에 싹이 돋아나는 소리나 벌레들이 날개를 바스락거리는 소리도 들을 수 없다. 우리는 연못 위를 달려가는 바람 소리와 한낮의 비에 씻긴 소나무 향기를 머금은 바람의 냄새를 사랑한다. 우리가 당신에게 땅을 판다면, 당신은 그 땅을 신성하게 지켜서 초원의 꽃 때문에 싱그러워진 바람을 느끼고 갈 수 있는 곳으로 만들어야 한다.

우리는 우리 땅을 사겠다는 당신의 제안을 고려해 볼 것이다. 그 제안을 받아들인다면, 나는 ⓒ <u>한 가지 조건</u>을 덧붙일 것이다. 당신들은 이 땅의 동물들을 형제처럼 대해야 한다. 나는 썩어 가고 있는 수많은 들소를 본 일이 있다. 당신들이 달리는 기차에서 쏜 총에 맞아 죽은 것들이었다. 동물들이 없는 세상에서 인간이 홀로 어떻게 살 수 있나? 모든 짐승이 사라져 버린다면 인간은 외로움으로 죽어 갈 것이다. 동물들한테 일어난 일은 어떤 것이든 인간에게도 일어나게 마련이다. 이 세상 모든 것들은 서로 연결되어 있다.

만약, 인간이 땅에 침을 뱉는다면 자기 자신에게 침을 뱉는 일이다. 우리는 땅이 인간에게 속하는 것이 아니라 인간이 땅에 속하는 것임을 잘 알고 있다. 우리는 또한 땅 위에 있는 모든 것들은 한 가족을 맺어 주는 피와도 같이 연결되어 있다는 사실을 잘 알고 있다. 백인들도 이 공통된 운명에서 벗어날 수는 없다. 우리는 결국 형제들이다.

우리 모두의 하느님은 하나라는 사실을 알아야 한다. 당신들이 땅을 소유할 수 있다고 생각하듯이 당신들만의 하느님을 소유하고 있다고 생각할지 모르지만, 그것은 불가능한 일이다. 하느님은 인간의 하느님이며 그의 자비로움은 인디언에게나 백인에게나 똑같다.

이 땅은 하느님에게 소중한 것이므로, 땅을 더럽히는 것은 하느님을 모욕하는 것이다. 백인들도 다른 종족과 마찬가지로 사라져 갈 것이다. 어쩌면 다른 종족보다 더 빨리 사라질지도 모른다. 언제 들소들이 도살당하고, 야생마가 길들여지며, 은밀한 숲 구석구석이 수많

* 모욕: 남을 깔보고 욕되게 함.
* 종족: 조상이 같고 공통의 언어, 풍속, 습관 등을 가진 사회 집단.

은 쇠줄로 더럽혀질 것인지 알 수 없기 때문이다. 덤불은 어디에 있는가? 사라지고 말았다. 독수리는 어디에 있나? 떠나고 말았다. 풍요로운 삶이 끝나고, 하루하루를 간신히 살아가야 하는 나날이 시작된 것이다.

* 도살: 가축을 잡아 죽임.
* 덤불: 풀이 많이 나는 곳에서 엉클어진 곳.

1 [나]를 쓴 사람은 누구인가요? | **내용 파악** |

_____

2 ㉠에 해당하는 사람의 이름을 글에서 찾아 쓰세요. | **내용 파악** |

_____

3 이 글을 쓴 사람이 걱정하는 것은 무엇인가요? | **내용 파악** |

① 백인들은 외롭게 죽어갈 것이다.

② 백인들이 인디언을 함부로 해친다.

③ 땅을 팔면 부족이 살 곳이 없어진다.

④ 백인들이 땅을 더럽히고 자연을 파괴한다.

⑤ 환경 오염으로 인디언이 살 곳이 점점 사라진다.

4 ⓛ이 가리키는 것을 찾아 쓰세요. | 내용 파악 |

_____

5 이 글에서 인디언들이 소중히 여기는 대상이 <u>아닌</u> 것은 무엇인가요? | 내용 파악 |

① 지저귀는 새.   ② 화려한 집.

③ 향기로운 꽃.   ④ 신선한 공기.

⑤ 살고 있는 땅.

6 글쓴이는 각각의 자연물을 무엇에 비유했나요? | 표현 |

자연물	비유
땅	
꽃	
동물	
물	

7 인디언 추장이 이 글을 쓴 까닭으로 알맞은 것을 고르세요. | 주제 |

① 비싼 값에 땅을 팔려고.

② 숲이 아름답다는 것을 알려 주려고.

③ 자연과 사람은 하나라는 것을 말해 주려고.

④ 인디언은 백인보다 뛰어나다는 것을 말하려고.

⑤ 백인은 자연과 어울리지 않는다는 것을 말해 주려고.

8 워싱턴 대추장은 어떤 내용의 편지를 보냈었을까요? | 추론 |

① 지금 살고 있는 곳에서 당장 떠나라.

② 지금 살고 있는 땅을 백인에게 팔아라.

③ 백인들이 살고 있는 땅에 들어와 살아라.

④ 백인들과 힘을 합쳐 새로운 도시를 만들자.

⑤ 백인들이 살고 있는 땅을 인디언들에게 팔고 싶다.

9 인디언의 관점과 백인의 관점을 분류하여 빈칸에 기호를 쓰세요. | 추론 |

㉠ 자연은 신성한 것이다.

㉡ 인간은 만물의 영장이다.

㉢ 인간과 자연은 한 형제이다.

㉣ 땅을 사고파는 것은 당연하다.

㉤ 땅을 더럽히는 것은 하느님을 모욕하는 것이다.

㉥ 풍요로운 삶을 위해서는 자연을 개발해야 한다.

인디언의 관점	백인의 관점

10 이 글을 읽고 반성해야 할 사람은 누구인가요? | 적용 |

① 거짓말을 하고 남을 속이는 사람.

② 당사자가 없는 자리에서 함부로 그 사람의 험담을 하는 사람.

③ 도로를 만들기 위해 산을 깎아야 한다고 주장하는 사람.

④ 피부색이 다르다는 이유로 우리나라에 온 이주 노동자를 무시하는 사람.

⑤ 자기보다 힘이 약한 사람의 말은 무시하고 힘센 사람의 비위를 맞추는 사람.

이 글은 ㉠ [　　　　　] 이(가) 쓴 〈나의 소원〉이다.

이 글은 '민족 국가', '정치 이념', '내가 원하는 우리나라' 세 주제로 나뉘어 있다. [가], [나], [다]에 각 주제의 주요 부분을 실었다.

[가]

"네 소원이 무엇이냐?" 하고 하느님이 물으시면, 나는 서슴지 않고 "내 소원은 대한 독립이오." 하고 대답할 것이다. "그다음 소원은 무엇이냐?" 하면, 나는 또 "우리나라의 독립이오." 할 것이요, 또 "그다음 소원이 무엇이냐?" 하는 세 번째 물음에도, 나는 더욱 소리를 높여서 "나의 소원은 우리나라 대한의 ㉡ 완전한 자주독립이오." 하고 대답할 것이다.

– 중략 –

내가 원하는 우리 민족의 사업은 결코 세계를 무력으로 정복하거나 경제력으로 지배하려는 것이 아니다. 오직 사랑의 문화, 평화의 문화로 우리 스스로 잘 살고 인류 전체가 의좋게, 즐겁게 살도록 하는 일을 하자는 것이다. 어느 민족도 일찍이 그러한 일을 한 이가 없으니 그것은 공상이라고 하지 마라. 일찍이 아무도 한 자가 없기에 우리가 하자는 것이다. 이 큰일은 하늘이 우리를 위하여 남겨 놓으신 것임을 깨달을 때에 우리 민족은 비로소 제 길을 찾고 제 일을 알아본 것이다. 나는 우리나라의 청년 남녀가 모두 과거의 조그맣고 좁다란 생각을 버리고, 우리 민족의 큰 사명에 눈을 떠서 제 마음을 닦고 제 힘을 기르기로 낙을 삼기를 바란다. 젊은 사람들이 모두 이 정신을 가지고 이 방향으로 힘을 쓰면, 30년이 못하여 우리 민족은 ㉢ [　　　　　] 하게 될 것을 확신하는 바다.

* 자주독립: 국가가 다른 나라의 간섭을 받거나 다른 나라에 의존하지 않고 주권(국가의 정책을 결정하고 실시하는 최고의 권력)을 쓰는 일.
* 미천한: 신분이나 지위가 하찮고 천한.
* 빈천: 가난하고 천함.
* 중략: 글이나 말의 중간 일부를 줄임.

[나]

　나의 정치 이념은 한마디로 표시하면 자유다. 우리가 세우는 나라는 자유의 나라라야 한다.

　자유란 무엇인가? 절대로 각 개인이 제멋대로 사는 것을 자유라 하면 이것은 나라가 생기기 전이나, 저 레닌의 말 모양으로 나라가 소멸된 뒤에나 있는 일이다. 국가 생활을 하는 인류에게는 이러한 무조건의 자유는 없다. 왜 그런가 하면, 국가란 일종의 규범의 속박이기 때문이다. 국가 생활을 하는 우리를 속박하는 것은 법이다. 개인의 생활이 국법에 속박되는 것은 자유 있는 나라나 자유 없는 나라나 마찬가지다. 자유와 자유 아님이 갈리는 것은 개인의 자유를 속박하는 법이 어디서 오느냐 하는 데 달렸다. 자유 있는 나라의 법은 국민의 자유로운 의사에서 오고, 자유 없는 나라의 법은 국민 중의 어떤 일개인, 또는 일계급에서 온다. 일개인에서 오는 것을 전제 또는 독재라 하고, 일계급에서 오는 것을 계급 독재라 하고 통칭 파쇼라고 한다.

－ 중략 －

　이상에 말한 것으로 내 정치 이념이 대강 짐작될 것이다. 나는 어떠한 의미로든지 독재 정치를 배격한다. 나는 우리 동포를 향하여서 부르짖는다. 결코 독재 정치가 아니 되도록 조심하라고, 우리 동포 각 개인이 십분 언론 자유를 누려서 국민 전체의 의견대로 되는 정치를 하는 나라를 건설하자고, 일부 당파나 어떤 한 계급의 철학으로 다른 다수를 강제함이 없고, 또 현재의 우리들의 이론으로 우리 자손의 사상과 신앙의 자유를 속박함이 없는 나라, 천지와 같이 넓고 자유로운 나라, 그러면서도 사랑의 덕과 법의 질서가 우주 자연의 법칙과 같이 준수되는 나라가 되도록 우리나라를 건설하자고. 그렇다고 나는 미국의 민주주의 제도를 그대로 직역하자는 것은 아니다. 다만 소련의 독재적인 민주주의에 대하여 미국의 언론 자유적인 민주주의를 비교하여서 그 가치를 판단하였을 뿐이다. 둘 중에서 하나를

* 레닌: 러시아의 혁명가, 정치가.
* 속박: 어떤 행위를 자유롭게 하지 못하도록 제한함.
* 독재: 개인이나 특정한 소수 집단이 마음대로 모든 정치 권력을 행사하는 것.
* 전제: 국가의 권력을 한 사람이 장악하고 모든 일을 처리함.
* 파쇼: 자유주의를 부정하고 지배자에 대한 절대적 복종을 강요하던 정치 이념.
* 배격: 어떤 사상, 의견 따위를 물리침.
* 십분: 아주 충분히.
* 당파: 정치적 뜻이나 주장이 같은 사람들이 뭉쳐 이룬 단체.

택한다면 사상과 언론의 자유를 기초로 한 자를 취한다는 말이다.

– 후략 –

[다]

나는 우리나라가 세계에서 가장 아름다운 나라가 되기를 원한다. 가장 부강한 나라가 되기를 원하는 것은 아니다. 내가 남의 침략에 가슴이 아팠으니 내 나라가 남을 침략하는 것을 원치 아니한다. 우리 부는 우리의 생활을 풍족히 할 만하고, 우리의 힘은 남의 침략을 막을 만하면 족하다. 오직 한없이 가지고 싶은 것은 높은 문화의 힘이다. 문화의 힘은 우리 자신을 행복하게 하고 나아가서 남에게 행복을 주기 때문이다.

지금 인류에게 부족한 것은 무력도 아니요, 경제력도 아니다. 자연 과학의 힘은 아무리 많아도 좋으나, 인류 전체로 보면 현재의 자연 과학만 가지고도 편안히 살아가기에 넉넉하다. 인류가 현재에 불행한 근본 이유는 인의가 부족하고 자비가 부족하고 사랑이 부족한 때문이다. ㉣ 이 마음만 발달이 되면 현재의 물질력으로 인류 20억이 다 편안히 살아갈 수 있을 것이다. 인류의 이 정신을 배양하는 것은 오직 문화다.

나는 우리나라가 남의 것을 모방하는 나라가 되지 말고, 이러한 높고 새로운 문화의 근원이 되고 목표가 되고 모범이 되기를 원한다. 그래서 진정한 세계의 평화가 우리나라에서, 우리나라로 말미암아서 세계에 실현되기를 원한다. 홍익인간이라는 우리 국조 단군의 이상이 이것이라고 믿는다.

– 중략 –

* 직역: 외국어로 된 말이나 글을 단어 하나하나의 의미에 맞게 번역함. 여기서는 '그대로 따라함'의 뜻으로 쓰였다.
* 소련: 1917~1991년까지 유라시아 북쪽에 있던 연방제(자치권을 가진 두 개 이상의 나라가 공통된 정치 이념으로 연합하여 하나의 나라를 구성한 것) 사회주의 국가. 1991년 사회주의가 붕괴되고 연방이 해체되었다.
* 후략: 말이나 글의 뒤를 줄임.
* 배양: 발전하도록 가르치고 키움.
* 모방: 남의 것을 흉내내어 따라 하는 것.
* 말미암아서: 원인이 되어서.
* 홍익인간: 널리 인간을 이롭게 함.
* 국조: 나라의 시조(겨레나 집안의 맨 처음이 되는 조상).

이상에서 말한 것은 내가 바라는 새 나라의 용모의 일단을 그린 것이다. 동포 여러분! ⓜ 이러한 나라가 되면 얼마나 좋겠는가. 우리네 자손을 이러한 나라에 남기고 가면 얼마나 만족하겠는가. 옛날 한나라의 기자가 우리나라를 사모하여 왔고, 공자께서도 우리 민족이 사는 데 오고 싶다고 하셨으며 우리 민족을 인을 좋아하는 민족이라 하였으니, 옛날에도 그러하였지만, 앞으로도 세계 인류가 모두 우리 민족의 문화를 이렇게 사모하도록 하지 아니하려는가.

나는 우리의 힘으로, 특히 교육의 힘으로 반드시 ⓗ 이 일이 이루어질 것을 믿는다. 우리나라의 젊은 남녀가 다 이 마음을 가지면 아니 이루어지고 어찌하랴.

나도 일찍이 황해도에서 교육에 종사하였지만, 내가 교육에 바라던 것이 ⓢ 이것이었다. 내 나이 이제 일흔이 넘었으니 몸소 국민 교육에 종사할 시일이 넉넉지 못하지만, 나는 천하의 교육자와 남녀 학도들이 한번 크게 마음을 고쳐먹기를 빌지 아니할 수 없다.

* 용모: 사람의 얼굴 모양. 여기서는 '무엇의 모습'의 뜻으로 쓰였다.
* 일단: 한 부분.
* 기자: 중국 은나라 때, 고조선에 와서 '기자 조선(전설 속 나라)'이라는 나라를 세운 사람.
* 사모: 애틋하게 생각하고 그리워함.
* 인: 남을 대하는 태도나 마음이 어질고 너그러운 것.
* 종사: 무엇을 일로써 함.
* 학도: 학생.

1 다음은 이 글을 쓴 사람에 대한 설명입니다. ⓙ에 들어갈 사람은 누구일까요? | 배경지식 |

이 사람은 독립운동가이자 정치가다. 3.1 운동 후에 중국 상하이의 임시 정부에서 일했다. 1944년에는 임시 정부의 주석(국가나 단체의 최고 직위)이 되었고, 광복 이후 정치 활동을 하다가 1949년에 살해되었다.

① 안중근　　　　② 안창호　　　　③ 서재필
④ 김구　　　　　⑤ 윤봉길

2 다음 중 글쓴이가 말한 ⓒ은 무엇일까요? | 추론 |

① 일본과 하나가 되는 것.

② 일본을 완전하게 멸망시키는 것.

③ 미국의 도움을 받아 새 나라를 세우는 것.

④ 남과 북이 나뉘어 서로 간섭받지 않는 나라를 이끌어 나가는 것.

⑤ 우리나라가 누구의 간섭도 받지 않고 우리 민족만의 힘으로 통일된 나라를 세우는 것.

3 '현실적이지 못하거나 실현될 가망이 없는 것을 이루려는 생각'의 뜻을 지닌 낱말을 [가]에서 찾아 쓰세요. | 어휘 |

4 ⓒ에 가장 어울리는 말을 고르세요. | 어휘 |

① 풍전등화(風前燈火): 매우 위태로운 처지를 비유하는 말.

② 대기만성(大器晩成): 크게 될 사람은 늦게 이루어짐을 이르는 말.

③ 괄목상대(刮目相對): 지식이나 재주가 놀랄 만큼 크게 나아짐을 이르는 말.

④ 구사일생(九死一生): 죽을 고비를 여러 차례 넘기고 겨우 살아남음을 이르는 말.

⑤ 사면초가(四面楚歌): 아무에게도 도움을 받지 못하는, 외롭고 곤란한 상황을 이르는 말.

5 [다]의 밑줄 친 '홍익인간'의 뜻과 가장 거리가 먼 것을 고르세요. | 추론 |

① 세계 여행을 하며 다양한 문화를 경험한다.

② 분쟁이 일어난 지역에서 적십자 활동을 한다.

③ 지구 온난화를 막기 위한 국제 운동에 참가한다.

④ 자원봉사 단체에 들어가 어려운 이웃을 돕는다.

⑤ 아프리카의 어려운 환경에서 자라나는 어린이들을 위해 돕는다.

6 다음은 [가] ~ [다]를 정리한 내용입니다. 빈칸을 채우세요. |내용 파악|

[가] 나의 소원은 우리 민족의 완전한 ▢▢▢▢ 이다.

[나] 나의 정치 이념은 ▢▢ 다.

[다] 우리나라가 ▢▢ 의 힘이 강한 나라가 되기를 원한다.

7 빈칸에 알맞은 낱말을 넣어 ㉣ ~ ㉂의 뜻을 풀이하세요. |내용 파악|

㉣ ▢▢ , ▢▢ , ▢▢ .

㉤ 새로운 ▢▢ 의 근원, 목표, 모범이 되는 나라.

㉥ 세계 인류가 모두 우리 민족의 ▢▢ 를 사모하는 일.

㉂ 우리나라를 교육으로 ▢▢ 국가로 만드는 일.

8 글쓴이가 원하는 우리나라와 가장 가까운 것을 고르세요. |적용|

① 세계의 질서를 유지하는 외교 선진국.

② 세계 문화의 흐름을 이끄는 문화 선진국.

③ 세계에서 가장 넓은 땅을 지닌 군사 선진국.

④ 모든 국민이 돈 걱정 없이 살 수 있는 경제 선진국.

⑤ 세계에서 우주여행을 가장 먼저 실현한 과학 선진국.

빌 게이츠의 삶에 대한 글이다. [가]에는 빌 게이츠의 전체 삶을 요약했고, [나]에는 중학생 시절, [다]에는 대학 시절, [라]에는 결혼 후 삶의 일부분을 담았다.

[가]

우리가 사용하는 컴퓨터는 대부분 윈도즈(Windows)라는 프로그램으로 운영된다. 이 프로그램은 미국의 마이크로소프트사에서 만들었으며, 이 회사는 컴퓨터 프로그램과 기기로 세계적인 기업이 되었다. 마이크로소프트사를 설립한 사람은 빌 게이츠다.

빌 게이츠는 미국의 시애틀에서 태어났다. 그는 어렸을 때부터 컴퓨터는 입력한 내용을 그대로 수행하는 완벽한 기계라고 생각하고, 컴퓨터 프로그램 만드는 것을 좋아했다.

하버드 대학교에서 법을 공부하다 중퇴한 빌 게이츠는 친구 폴 앨런과 함께 마이크로소프트사를 설립했다. 적성에 맞는 일을 하게 된 그는 새로운 프로그램을 지속해서 발표했다. 1990년대 개인용 컴퓨터가 널리 사용되자 마이크로소프트사는 개인용 컴퓨터 시장을 주도하게 되었다. 마이크로소프트사는 컴퓨터를 실행시키는 프로그램 윈도즈 시리즈를 발표해 큰 성공을 거두었고, 빌 게이츠는 세계 최고의 부자가 되었다. 그는 기업은 사람들의 행복을 위해 활동할 의무가 있다고 주장하며, 자신의 재산 중 95%를 자선 활동에 쓰겠다고 약속했다. 현재 빌 게이츠는 자신과 부인의 이름을 딴 기부 단체를 만들어 활동하고 있다.

[나]

중학교 2학년이 되었을 때, 학교에 컴퓨터 단말기가 들어왔다. 빌 게이츠는 과학 잡지에서나 보았던 컴퓨터를 실제로 보자 가슴이 두근두근 뛰었다.

며칠 뒤, 빌 게이츠는 컴퓨터를 직접 만질 수 있는 기회를 얻게 되었다. 자신이 명령만 내리면 복잡한 계산도 알아서 척척 해 주는 컴퓨터가 정말 신기했다.

* 중퇴: 학업을 다 마치기 전에 중도에 그만두는 것.
* 적성: 어떤 일에 알맞은 성질이나 능력.
* 자선: 남을 불쌍히 여겨 돕는 것.
* 단말기: 중앙 컴퓨터와 연결되어 자료를 입력하거나 출력하는, 모니터, 키보드 등의 장치.

빌 게이츠는 수업이 끝나면 몇몇 친구들과 컴퓨터실로 달려갔다. 집에 돌아와서도 컴퓨터 언어와 프로그램을 짜기 위한 기술을 익히려고 밤을 새워 공부했다.

'컴퓨터라는 게 정말 재미있는 것이구나.'

시간이 흐르면서 전문가들이 보는 책까지 구해서 공부하게 되었다. 그러나 그런 책들을 혼자 보고 이해한다는 것은 쉬운 일이 아니었다.

'어휴, 힘들다. 온종일 쉬지 않고 공부했는데도 한 페이지 넘기기도 힘들구나.'

컴퓨터의 원리는 스스로 이해했다고 해도, 컴퓨터를 한 번도 본 적이 없는 빌 게이츠가 컴퓨터에 관한 모든 것을 알 수는 없었다.

'그래도 견뎌내야겠지. 내가 좋아서 시작한 일이잖아.'

빌 게이츠는 지치거나 싫증 내지 않고 컴퓨터 공부를 계속했다. 가르쳐 주는 사람이 없어서 어렵기는 했지만, 원리만 안다면 프로그램은 얼마든지 만들 수 있다고 생각했다.

어느새 빌 게이츠는 선생님으로부터 컴퓨터 수업을 도와 달라는 부탁을 받을 만큼 프로그래밍 실력이 발전되어 있었다.

[다]

1975년 겨울, 빌 게이츠는 학교 동창인 폴 앨런과 함께 마이크로소프트사를 창립했다. 이때, 그의 나이는 스무 살이었다. 빌 게이츠는 컴퓨터 프로그램 만드는 일을 본격적으로 할 수 있다는 생각에 감격스러웠다. 하지만 그에게는 해결해야 할 일이 남아 있었다. 한 회사의 사장으로 직원들을 이끌어야 하는 빌 게이츠는 아직 법을 공부하는 학생이었다. 주변 동료들은 이제 결단을 할 시기라며 재촉했다. 빌 게이츠는 부모님께 자신의 결정을 알리기 위해 집으로 향했다.

"아버지, 저는 학교를 그만두겠습니다. 저의 적성에 맞는 일에 집중하고 싶습니다."

빌 게이츠의 아버지는 그가 자신의 뒤를 이어 변호사가 되길 바랐기 때문에 매우 놀랐다. 게다가 빌 게이츠는 그토록 가기 힘든 하버드 법대에서 공부 중이었고, 당시 컴퓨터는 널리 알려지지 않은 생소한 기계에 불과했다.

"학교를 그만두는 것은 너무 위험한 선택이구나. 당분간 학교를 쉬면서 일을 하다가 다시 학교로 돌아가는 것은 어떻겠니? 나는 네가 나의 뒤를 잇기를 바랐는데 너무 안타깝구나."

---

* 프로그래밍: 컴퓨터에서 일, 게임 들을 할 수 있게 명령을 만들어 짜 넣는 일.
* 생소한: 처음 보거나 듣는 것이어서 익숙하지 않은.

"저는 이미 학교를 그만두기로 결심했습니다. 아버지, 컴퓨터는 놀라운 속도록 발전하고 있습니다. 앞으로 이 분야는 상상도 못 할 정도로 클 것입니다. 그 길에 대학 졸업장, 그 것도 제가 하고 싶은 분야가 아닌 분야의 졸업장은 필요하지 않습니다."

굳게 결심한 빌 게이츠를 보자 그의 아버지는 실망한 마음을 애써 감추며 말했다.

"그래, 네 결심이 그토록 확고하다면 최선을 다해라."

회사로 돌아가는 길, 빌 게이츠의 머릿속에는 수많은 생각이 떠올랐다. 처음 학교에 컴퓨터 단말기가 들어왔을 때 친구와 밤을 새우며 프로그램을 만들던 일, 프로그램을 연습하기 위해 수업을 면제받던 일, 새로 나온 컴퓨터의 오류를 발견하고 보고서를 작성했던 일 등 그의 학창 시절은 모두 컴퓨터와 함께였다. 그리고 그의 앞날을 컴퓨터와 함께하기로 마음을 다졌다.

[라]

1993년, 빌 게이츠는 부인 멜린다와 아프리카 방문 길에 올랐다. 병에 걸려 울부짖는 아이들, 맨발이 부르트도록 비포장도로를 걷는 여자들, 먹을 것조차 부족한 아프리카 원주민들의 모습을 본 빌 게이츠 부부는 큰 충격을 받았다.

빌 게이츠는 이들에게 필요한 것은 컴퓨터가 아니라 질병을 고쳐주고 배고픔을 해결해주는 것이라 생각하고, 자신이 번 돈을 어떻게 써야 할지 깨달았다. 그것은 가난한 사람들을 위해 평생을 봉사한 어머니의 뜻을 이어받는 길이기도 했다. 빌 게이츠는 전 재산의 95%를 가난한 나라의 국민이나 도움이 필요한 사람들을 위해 쓰겠다고 사람들에게 약속했다. 그리고 2000년 부인과 자신의 이름을 딴 '빌 앤 멜린다 게이츠 재단'을 만들었다.

'빌 앤 멜린다 게이츠 재단'은 가난한 나라의 어린이를 위한 백신 개발, 대학생 장학금 지급, 빈곤층을 위한 모바일 금융 서비스 사업, 빈민 지역의 교육 환경 개선, 저소득층 장학사업, 결핵이나 말라리아를 예방하고 치료하는 일 등 다양한 분야에 활발히 기부하고 있다. 이러한 노력으로 지금까지 70여만 명의 소중한 생명을 구했다.

빌 게이츠는 자선 활동에 전념하기 위해 2008년 마이크로소프트사의 경영에서 물러났다.

* 비포장도로: 바닥에 돌이나 시멘트, 아스팔트 따위를 깔지 않은 도로.
* 재단: 사회적 목적을 위해 법적으로 등록된 재산을 관리하는 단체.
* 백신: 전염병에 대한 몸의 면역력을 기르기 위해, 전염병의 균을 이용해 만든 약품.
* 결핵: 결핵균에 감염되어 발생하는 전염병.
* 말라리아: 말라리아 기생충을 지닌 모기가 옮기는 전염병. 몸에 열이 났다가 오한이 났다가를 반복한다.

1 이 글에 나온 인물의 직업은 무엇인가요? | **인물** |

① 변호사　　　　　② 웹 디자이너　　　　　③ 프로 게이머

④ 컴퓨터 판매원　　　⑤ 컴퓨터 프로그래머이자 사장

2 아래에서 설명하는 낱말을 [가]에서 찾아 쓰세요. | **어휘** |

> 마이크로소프트사가 만든 컴퓨터 운영 체제. 컴퓨터의 하드웨어(컴퓨터를 구성하는 기계 장치)를 움직이고, 다른 프로그램을 관리한다.

_____

3 빌 게이츠가 대학을 그만둔 까닭은 무엇인가요? | **내용 파악** |

① 학비가 너무 비싸서.

② 교과목 성적이 매우 낮아서.

③ 자신의 적성에 맞는 일에 집중하려고.

④ 친구들과 함께 회사를 차리기 위해서.

⑤ 자신의 적성에 맞는 학과에 다시 입학하려고.

4 빌 게이츠에 대한 설명으로 옳지 <u>않은</u> 것을 고르세요. | **내용 파악** |

① 세계 최고의 부자가 되었다.

② 자신이 번 돈을 사회를 위해 쓰고 있다.

③ 어릴 때부터 컴퓨터 프로그램을 만들었다.

④ 미국의 유명한 대학에서 법을 공부하고 졸업했다.

⑤ 세계적인 컴퓨터 회사 마이크로소프트사를 설립했다.

5 [나]와 [다]에서 알 수 있는 빌 게이츠의 성격이 <u>아닌</u> 것을 고르세요. |추론|

① 성급하다.   ② 끈기 있다.

③ 결단력이 있다.   ④ 적극적이다.

⑤ 한 가지에 집중을 잘한다.

6 괄호 안에 알맞은 말을 넣어 이 글의 내용을 정리하세요. |요약|

> 빌 게이츠는 어린 시절부터 컴퓨터 (   ) 짜는 것을 좋아했다. 변호사였던 아버지의 뜻에 따라 법학과에 진학했지만, 자신이 원하는 일을 하기 위해 어렵게 입학한 대학을 (   ) 했다. 그리고 친구 폴 앨런과 함께 컴퓨터 회사 (   ) 를 설립했다. 그의 회사에서 개발한 컴퓨터 운영 프로그램 (   ) 시리즈가 크게 성공하여 그는 세계 최고의 부자가 되었다.
>
> 빌 게이츠는 자신이 번 돈을 가난한 사람들을 위해 쓰기로 했다. 그는 자신과 아내의 이름을 딴 (   ) 재단을 만들어 다양한 분야에서 자선 활동을 하고 있다.

7 이 글의 내용과 어울리지 <u>않는</u> 이야기를 한 사람은 누구인가요? |감상|

① 소민: 빌 게이츠는 어린 시절부터 컴퓨터를 좋아했어. 일찍부터 자신이 좋아하는 일을 찾고 그것을 위해 노력한 점을 본받고 싶어.

② 진영: 빌 게이츠는 대학교를 졸업하지 않고도 큰 성공을 했잖아. 그러니까 굳이 대학교에 가려고 열심히 공부하지 않아도 괜찮을 거야.

③ 정우: 나는 부모님이 바라시는 일을 해야 한다고 생각했었는데 빌 게이츠를 보면서 자신이 좋아하는 직업을 선택해야 한다는 것을 깨달았어.

④ 철민: 빌 게이츠는 기업이 자선 활동을 열심히 해야 한다고 세계 곳곳을 찾아다니며 강연을 한다고 해. 자신이 가진 것을 나눌 줄 아는 점이 훌륭해.

⑤ 세정: 자신의 재산 95%를 어려운 사람을 돕는 데 쓰겠다고 약속한 빌 게이츠를 보면서, 나도 내가 가진 것을 이웃들과 나누는 사람이 되어야겠다고 생각했어.

8 다음에서 설명하고 있는 사람은 누구인가요? | 배경지식 |

> 빌 게이츠와 같은 해인 1955년 미국 샌프란시스코에서 태어났다. 출생 후 입양되어 양부모님 밑에서 자랐으며, 공부보다 컴퓨터에 관심이 더 많았다. 친구 워즈니악과 함께 컴퓨터를 만들고, '애플'사를 설립했다. 아이팟, 아이폰, 아이패드 등 그가 내놓은 제품들은 우리 생활에 큰 변화를 일으켰다. 췌장암으로 투병하다 2011년 세상을 떠났다.

① 폴 앨런   ② 워런 버핏   ③ 스티브 잡스
④ 스티븐 호킹   ⑤ 스티븐 스필버그

9 아래에서 설명하고 있는 것은 무엇인가요? | 배경지식 |

> 다른 사람이 컴퓨터 시스템에 침입해, 정보를 얻거나 일부러 시스템을 망가뜨리는 것을 말한다. 사이버 범죄 수사대에서는 이러한 범죄를 감시하고 해결하고자 노력하고 있다.

① 해킹   ② 스팸   ③ 스미싱
④ 바이러스   ⑤ 보이스피싱

10 다음은 무엇에 관한 설명인가요? | 배경지식 |

> 이 말은 원래 '귀족에겐 그에 맞는 책임이 있다'라는 뜻이다. 오늘날에는 경제적으로 부유한 사람들이 사회를 위해 자신의 부를 나누는 의미로 쓰인다. 자신의 재산을 빈곤과 질병을 없애는 사업에 기부한 빌 게이츠는 이를 실천한 대표적인 인물이다.

① 엘리트   ② 페미니스트   ③ 휴머니스트
④ 노블레스 오블리주 ⑤ 노블레스 말라드

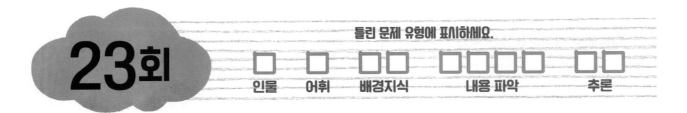

전봉준의 삶에 대한 글이다. [가]에는 전봉준의 생애를 요약했고, [나], [다], [라]에는 전봉준의 동학 농민 운동 활동 내용을 담았다.

[가]

전봉준은 1855년 전라도 고부에서 태어났다. 서당을 차려 훈장을 하던 전봉준은 1890년쯤 ㉠ _____을 알게 되었다. 이것은 '사람이 곧 하늘'이라는 평등사상을 내걸고 새롭게 일어난 종교였다. 전봉준은 새 세상을 열겠다는 희망을 품고 ㉠ _____에 들어가 고부의 접주가 되었다. 그리고 다른 접주들과 함께 고통받는 백성들을 구할 방법에 대해 의논했다.

당시 조선은 오랜 세도 정치 탓에 나라 기강이 무너지고 탐관오리가 들끓던 시기였다. 고부 군수로 부임해 온 조병갑 역시 가난한 백성들에게서 세금과 재산을 착취했다. 참다못한 농민들은 관아로 달려가 억울함을 호소했지만, 조병갑은 잘못을 뉘우치기는커녕 백성들을 잡아 몽둥이로 때렸다. 이 사건으로 전봉준의 아버지는 곤장을 맞고 숨졌다. 이를 계기로 전봉준은 나라를 개혁하겠다는 뜻을 더욱 확고히 다졌다.

1894년 1월, 전봉준은 동학교도와 농민군을 이끌고 관아로 쳐들어갔다. 그리고 억울하게 감옥에 갇힌 사람들을 풀어 주고, 창고에 쌓인 곡식을 가난한 백성들에게 나눠 주었다. 하지만 관리들의 수탈은 계속되었으며, 조정에서는 민란의 책임을 동학 농민군에게 돌리며 그들을 탄압했다.

1894년 3월, 1만여 명의 동학 농민들이 다시 모였다. 전봉준은 안으로는 탐관오리를 무찌르고, 나라 밖으로는 당시 우리나라 조정을 간섭하던 일본과 청나라를 몰아내고자 했다. 전봉준이 이끄는 동학 농민군은 관군과 싸워 이겨 전라도 땅의 대부분을 차지하며 전주성까지 함락했다. 이에 조정에서는 농민군이 한성(조선의 수도)으로 올라오지 못하도록 막기 위해 청에 군사를 보내 달라고 요청했다. 그러자 청과 맺은 ㉡ 톈진 조약을 핑계로 일본 군

* 접주: 한 지역의 동학 교도들을 이끌고, 새로운 사람들을 받아들여 가르치는 사람.
* 세도 정치: 임금의 친척이나 신하가 권력을 잡고 나랏일을 자기 마음대로 하는 정치.
* 관군: 옛날에 나라의 군대나 군사를 이르던 말.
* 함락했다: 공격하여 무너뜨리거나 차지했다.

사도 조선에 들어왔다. <u>외세</u>를 막기 위해 민란이 일어난 것인데, 오히려 청과 일본을 불러 들인 셈이 되었다.

전봉준은 정치 개혁 요구를 담은 개혁안을 조정에 제시하고 이를 수락할 경우 싸움을 멈추기로 했다. 조정에서 이를 받아들여 '전주 화약'을 맺자 농민들은 전주성을 빠져 나왔다. 그 후, 농민들은 마을마다 '집강소'를 설치하여 지역을 통치하였다.

동학 농민군은 해체되었지만, 청과 일본의 군사들은 조선에 계속 남았다. 조선을 차지할 욕심이었던 일본군은 경복궁을 쳐들어가 점령한 후에 흥선 대원군이 나라를 다스리게 했다. 또, 1894년 7월, 조선 땅에서 청나라 군사와 전쟁을 일으켜 승리하였다.

그 후, 일본이 조선을 더욱 위협하자 전봉준은 다시 동학 농민군을 모아 한성으로 향했다. 동학 농민군은 공주 우금치에서 관군과 일본군을 만나 전투를 벌였지만, 최신식 무기를 가지고 있던 일본군에 크게 패하고 말았다.

1894년 12월, 전봉준은 부하의 밀고로 순창에서 체포되어 사형을 당했다.

[나]

1894년 1월 10일 저녁, 고부 말목 장터에 농민들이 모이기 시작했다. 횃불이 밝혀지고, 여기저기서 함성이 터졌다. 밤이 깊어지자 전봉준이 나타났다.

"우리가 피땀 흘려 거둔 곡식이 소작료와 세금으로 고스란히 넘어가고 있습니다. 정작 농사를 지은 우리는 굶주리고, 지주와 벼슬아치들은 배불리 먹고 있습니다. 그들은 백성들이 굶어 죽어 가는데도 아랑곳하지 않았습니다. 이제 우리는 썩어 빠진 벼슬아치들을 몰아내고 백성들 모두가 편안하게 사는 세상을 만들어야 합니다. 우리 모두 고부 관아로 가서 조병갑의 목을 베고, 우리의 뜻을 이룹시다!"

전봉준의 말에 귀를 기울이던 농민들은 연설이 끝나자 일제히 함성을 질렀다.

"탐관오리들을 쓸어버리자!"

성난 농민들이 고부 관아로 달려갔지만, 조병갑은 이미 눈치채고 달아나 버린 후였다. 농민들은 감옥을 부수고 억울하게 갇힌 사람들을 풀어 주었다. 그리고 무기고를 부숴 무기를 나누어 갖고, 창고를 열어 농민들에게 곡식을 나누어 주었다.

* 화약: 화목하게 지내자는 약속.
* 집강소: 동학 농민군이 전라도 지역에 설치한 일종의 자치 기구.
* 밀고: 남몰래 일러바치는 것.
* 소작료: 나의 땅을 빌려 농사를 짓고 그 대가로 땅주인에게 내는 돈.

[다]

1894년 3월, 1만여 명의 동학인과 농민이 다시 백산(고부에 있는 산)에 모여들었다.

전봉준은 백산 꼭대기에, 나라를 바로잡고 백성을 편안하게 한다는 뜻의 '보국안민'이라는 글자를 써서 깃발을 높이 세웠다.

조정에서는 동학 농민군을 없애기 위해 병사들을 보냈다.

전봉준은 헐벗고 굶주린 데다 훈련도 받지 않은 농민들이 관군과 싸워 이길 수 없다고 생각했다. 그래서 숨어 있다가 관군을 기습 공격하는 전략을 세웠다.

동학 농민군은 안개 속에 조용히 엎드려 있었다. 밤이 되자 관군이 황토재 골짜기 깊숙이 들어왔다. 전봉준의 신호에 동학 농민군은 일제히 일어나 관군에게 총을 쏘았다. 싸움은 아침까지 계속되었고, 동학 농민군의 완전한 승리로 끝났다.

그 후, 전봉준은 전라도 각 고을의 관아를 점령했다. 그리하여 못된 관리들을 벌주고, 죄 없이 갇힌 백성들을 풀어 주었다. 승전의 기세를 몰아 전봉준과 동학 농민군은 관군과 싸워 이겨 전주성까지 차지했다.

[라]

전주 화약을 맺고 동학 농민군은 전주성을 빠져 나왔다. 하지만 청과 일본 군대는 조선에 남아 전쟁을 일으켰다. 청나라를 꺾은 일본은 조선의 정치를 마음대로 움직였다.

전봉준은 나라를 지키기 위해 다시 동학 농민군을 모았다. 동학 교주 최시형도 손병희를 대장으로 삼고 군대를 조직하여, 전국의 동학 농민군이 함께 일어나기로 했다.

"이제 우리는 지난번처럼 못된 벼슬아치들만 내쫓는 데 그치지 않는다. 모든 백성이 하나로 힘을 합쳐 일본을 이 나라에서 몰아내자."

1894년 10월 16일. 전봉준과 손병희는 각자 군사를 이끌고 논산에서 만났다. 그들은 동학 농민군을 이끌고 우금치를 넘어 공주로 향했다. 그러나 일본군은 관군을 이끌고 미리 공주에 들어와 있었다. 동학 농민군이 우금치 고개를 기어오르자, 일본군은 고개 위에서 최신식 총을 쏘아 댔다. 수많은 농민군이 한꺼번에 쓰러졌다.

죽창과 구식 무기로 싸우던 동학 농민군은 대포와 소총 등 신식 무기로 공격하는 일본 군대를 당해 낼 수 없었다. 우금치를 처음 공격할 때 만 명이 넘던 동학 농민군은 모두 죽거나 도망치고 겨우 5백여 명밖에 남지 않았다.

* 교주: 한 종교를 이끄는 우두머리.
* 죽창: 대나무 자루 끝에 뾰족한 쇠를 박아서 던지고 찌르는 데 쓰던 무기.

1 다음은 전봉준의 별명에 대한 설명입니다. 빈칸에 들어갈 낱말을 고르세요. |인물|

> 마을 사람들은 전봉준을 '_____'(이)라고 불렀다. 그 까닭은 전봉준이 키가 작고 몸집이 단단했기 때문이다. _____은(는) 초록색 콩으로 다른 콩보다 알맹이가 작지만 단단하다. 훗날, 사람들은 키는 작지만 지도력이 뛰어나고 총명한 전봉준을 '_____ 장군'이라고 불렀다.

① 완두   ② 녹두   ③ 강낭콩
④ 땅콩   ⑤ 병아리콩

2 다음 중 낱말풀이가 <u>잘못된</u> 것을 찾으세요. |어휘|

① 탐관오리: 백성들의 재물을 빼앗고 못된 짓을 일삼는 관리.
② 관아: 관리들이 모여서 나랏일을 맡아 보던 곳.
③ 조정: 임금이 신하들과 나랏일을 의논하고 결정하던 곳.
④ 민란: 잘못된 정치를 바로잡고자 백성들이 일으킨 반란.
⑤ 외세: 외국의 군대.

3 다음은 ㉠에 들어갈 낱말에 대한 설명입니다. 알맞은 것을 고르세요. |배경지식|

> 최제우가 일으킨 우리나라 민족 종교로, '천도교'라고도 한다. 사람이 곧 하늘만큼 중요한 존재라는 '인내천(人乃天)' 사상을 바탕으로, 인간 평등을 주장했다. 서학(천주교)에 대항하고, 외국의 침략으로부터 우리나라를 지키고자 했다. 일제 강점기에는 다른 종교와 힘을 합쳐 독립운동을 펼쳤으며, 어린이를 존중해 어린이를 위한 교육에도 힘썼다.

① 동학   ② 남학   ③ 북학
④ 대학   ⑤ 소학

4 전주성에서 동학 농민군이 조정과 맺은 조약은 무엇인가요? | 내용 파악 |

_____

5 전봉준이 동학 농민 운동을 일으킨 까닭은 무엇인가요? | 내용 파악 |

① 동학을 퍼뜨리려고.

② 자신이 고부의 군수가 되려고.

③ 나라를 바로잡고 백성을 편안하게 하려고.

④ 우리나라에 청나라와 일본을 불러들이려고.

⑤ 조병갑을 쫓아내 아버지의 억울한 죽음을 풀어주려고.

6 전봉준에 대한 설명으로 바르지 <u>않은</u> 것을 고르세요. | 내용 파악 |

① 동학에 들어가 고부의 접주가 되었다.

② 황토재 전투에서 관군과 싸워 이겼다.

③ 우금치 전투에서 일본과 맞서 싸우다 크게 패했다.

④ 관아에 찾아가 백성들의 억울함을 호소하다 매질을 당했다.

⑤ 일본의 침략을 물리치기 위해 동학 농민군을 이끌고 일본군과 싸웠다.

7 빈칸에 들어갈 장소를 [가]에서 찾아 쓰세요. | 추론 |

> 전주는 조선을 세운 태조 이성계의 위패와 영정을 모신 곳으로, 왕실과 관계가 깊은 곳이다. 따라서 동학 농민군이 _____ 을(를) 점령한다는 것은 전라도 전체를 점령할 뿐만 아니라, 조선 왕실이 있는 한성을 향해 진격해올 수 있다는 것을 뜻했다.
>
> * 위패:죽은 사람의 이름을 적어 놓은 나무 패.
> * 영정: 죽은 사람의 얼굴을 담은 그림이나 사진.

8 ⓒ '톈진 조약'에 해당하는 내용으로 알맞은 것을 고르세요. | 추론 |

① 청나라와 일본은 사이좋게 지낸다.

② 일본 군대는 언제든 조선에 들어올 수 있다.

③ 청나라가 요청하면 일본 군대는 청나라를 도와야 한다.

④ 청나라와 일본 군대는 조선에서 함께 철수하고 파병한다.

⑤ 조선은 청나라와 일본 두 나라에 모두 군대를 지원해 주어야 한다.

9 다음 사건을 일어난 순서대로 나열하세요. | 내용 파악 |

> ① 일본군이 경복궁을 점령했다.
> ② 우금치 전투에서 일본군에 패했다.
> ③ 황토재에서 동학 농민군이 관군과 싸워 이겼다.
> ④ 전주성을 점령하고 조정과 '전주 화약'을 맺었다.
> ⑤ 집강소를 설치해 농민들의 억울한 일을 해결했다.
> ⑥ 조병갑의 횡포를 막기 위해 농민들과 함께 관아를 습격했다.

 □ → ③ → □ → □ → □ → □

10 다음은 무엇에 관한 설명인가요? | 배경지식 |

> 1811년 평안북도에서 일으킨 농민 항쟁이다. 이 지역에 대한 차별 대우와 지나친 세금, 탐관오리의 수탈로 농민들이 난을 일으켰다. 이들은 백 일 만에 패하고 말았지만, 이후 조선 곳곳에서 발생한 농민 봉기에 큰 영향을 끼쳤다.

① 만적의 난   ② 홍경래의 난   ③ 이자겸의 난

④ 진주 농민 봉기   ⑤ 망이·망소이의 난

[가] 떡해 먹자 부엉
      양식 없다 부엉
      걱정 말게 부엉
      꿔다 하지 부엉
      언제 갚게 부엉
      갈에 갚지 부엉
      걱정 마라 부엉

[나] 양식 없다 부엉
      걱정 마라 부엉
      낼 모레가 장이다
      아저씨 장에 왔다
      돈 한 푼 주시오
      부엉 부엉
      걱정 마라 부엉

㉠ (   )

* 갈: 가을

1 [가]와 [나]에 나타난 중심 생각은 무엇인가요? |주제|

① 떡 해 먹는 방법.   ② 부엉이 사냥 방법.
③ 부엉이의 생활 모습.   ④ 양식에 대한 걱정.
⑤ 부엉이가 우는 밤의 풍경.

2 [가]와 [나]가 노래하는 느낌이 나는 이유를 두 개 고르세요. |표현|

① 반복되는 말이 있다.

② 시작하는 말이 같다.

③ 꾸며주는 말을 사용했다.

④ 글자 수가 비슷하게 반복된다.

⑤ 동작을 흉내 내는 말을 사용했다.

3 이 시는 아래와 같은 특징이 있습니다. ㉠에 들어갈 말로, 이러한 시를 부르는 말을 쓰세요. |어휘|

> ① 누가 지었는지 알 수 없다.
>
> ② 짧고 즐거운 내용을 담고 있는 경우가 많다.
>
> ③ 옛날부터 전해 내려오는 어린이들의 노래다.

4 빈칸을 채워 글을 완성하세요. |내용 파악|

> [가]와 [나]는 모두 [　　] 에 대한 걱정을 표현했다. 이 문제를 해결하기 위해
>
> [가]에서는 다른 집에서 꾸어다 쓰는 방법을 택했고, [나]에서는 장에 가서 [　] 을
>
> 얻는 방법을 택했다.
>
> 두 시 모두 노래하는 효과를 내기 위해 글자 수를 맞추고, '[　　]'이라는 말을
>
> 반복하여 사용했다.
>
> 두 시 모두 마지막에 "[　　] 마라" 하고 말하며 끝맺었다.

내를 건너서 숲으로
고개를 넘어서 마을로

어제도 가고 오늘도 갈
나의 ㉠ 길 새로운 길

민들레가 피고 까치가 날고
아가씨가 지나고 바람이 일고

나의 길은 언제나 새로운 길
오늘도 내일도

내를 건너서 숲으로
고개를 넘어서 마을로

(윤동주)

1 이 시에 어울리는 제목을 지어 보세요. |제목|

새로운 ☐

2 1연에 쓰인 밑줄 친 낱말이 뜻하는 내용을 바르게 연결하세요. |추론|

①   내, 고개 •   • 평화

②   숲, 마을 •   • 시련, 고난

3 밑줄 친 ㉠의 '길'과 관련된 것은 무엇인가요? |추론|

① 인생   ② 추억   ③ 가족

④ 고향   ⑤ 그리움

4 이 시에서 말하는 이는 무엇을 하고 있나요? |추론|

① 고향을 향해 길을 걷고 있다.

② 그리운 사람을 만나러 가고 있다.

③ 자신에게 주어진 길을 걸어가고 있다.

④ 이리저리 떠돌아다니는 생활을 하고 있다.

⑤ 고된 인생길에 지쳐 좌절하고 있다.

5 이 시의 주제로 알맞은 것을 고르세요. |주제|

① 고향길에 대한 그리움.

② 새로운 길에 대한 두려움.

③ 확신 없는 미래에 대한 불안감.

④ 떠돌아다녀야 하는 삶에 대한 슬픔.

⑤ 끊임없이 이어지는 새로운 삶에 대한 의지.

6 빈칸을 채워 이 시의 내용을 정리하세요. |내용 파악|

나는 인생의 길을 걷고 있다. 길을 걸으며 민들레와 까치, [⠀⠀⠀⠀⠀⠀⠀⠀⠀]와 바람도 만난다. 날마다 가는 길이지만 그 길은 언제나 [⠀⠀⠀⠀⠀⠀⠀⠀⠀] 길이다. 어제도, 오늘도, [⠀⠀⠀⠀⠀⠀⠀⠀⠀] 나는 변함없이 내 길을 걸어갈 것이다.

　　여기저기서 단풍잎 같은 슬픈 가을이 뚝뚝 떨어진다. 단풍잎 떨어져 나온 자리마다 봄을 마련해 놓고 나뭇가지 위에 하늘이 펼쳐 있다. 가만히 하늘을 들여다보려면 눈썹에 파란 물감이 든다. 두 손으로 따뜻한 볼을 씻어 보면 손바닥에도 파란 물감이 묻어난다. 다시 손바닥을 들여다본다. 손금에는 맑은 강물이 흐르고, 맑은 강물이 흐르고, 강물 속에는 사랑처럼 슬픈 얼굴 — 아름다운 순이의 얼굴이 어린다. 소년은 황홀히 눈을 감아 본다. 그래도 맑은 강물은 흘러 사랑처럼 슬픈 얼굴 — 아름다운 순이의 얼굴은 어린다.

(윤동주)

* 어린다: 빛이나 그림자, 모습 따위가 희미하게 비친다.
* 황홀히: 어떤 것에 마음을 빼앗겨 들뜬 상태로.

1　이 시의 주인공은 누구인가요? ┃인물┃

_____

2　이 시를 읽고 떠오르는 장면과 거리가 <u>먼</u> 것을 고르세요. ┃내용 파악┃

① 파란 가을 하늘.

② 알록달록 물든 단풍잎.

③ 우리나라 사계절의 모습.

④ 맑은 강물이 흐르는 모습.

⑤ 사랑하는 사람을 그리워하는 소년의 모습.

3 말하는 이의 눈길이 어떻게 이동하는지 나타낸 것입니다. 빈칸을 채우세요. | 내용 파악 |

단풍잎 → 파란 (　　　　　) → 손바닥 → 순이 (　　　　　)

4 이 시에 대한 설명으로 맞지 <u>않는</u> 것은 무엇인가요? | 내용 파악 |

① 반복되는 말을 썼다.

② 시간적 배경은 가을이다.

③ 행과 연을 나누지 않았다.

④ 소년과 순이는 얼굴을 마주 보고 있다.

⑤ 시각, 촉각 등의 감각적 이미지를 사용했다.

5 이 시에서 느껴지는 분위기로 알맞은 것을 고르세요. | 감상 |

① 기쁨　　　　　　② 그리움　　　　　　③ 행복

④ 설렘　　　　　　⑤ 따분함

6 괄호 안에 알맞은 말을 넣어 이 글의 내용을 정리하세요. | 요약 |

(　　　　　) 이 되어 알록달록 곱게 (　　　　　) 이 들었다. 그리고 벌써 하나둘 잎이 떨어지기 시작했다. 단풍잎이 떨어져 앙상한 나뭇가지 사이로 (　　　　　) 이 보였다. 하늘은 마치 (　　　　　) 물감을 풀어 놓은 것 같았다. 파란 하늘을 바라보고 있으니, (　　　　　) 도 볼도 파랗게 물드는 것만 같았다. 파랗게 물든 볼에 두 손을 대자 손바닥도 금세 파랗게 변했다. 파란 손바닥을 들여다보니 맑은 (　　　　　) 이 흐르고, 강물 위로 보고 싶은 (　　　　　) 의 얼굴이 비치는 것 같았다.

[가] 어버이 날 낳으셔 어질과저 길러 내니
　　　이 두 분 아니시면 내 몸 나서 어질소냐
　　　아마도 지극한 은덕을 못내 갚아 하노라

(낭원군)

[나] 어버이 살아계실 때 섬기기를 다 하여라.
　　　지나간 뒤면 ㉠ 애달프다 어이 하리?
　　　평생에 고쳐 못할 일이 ㉡ 이뿐인가 하노라.

(정철)

* 어질과저: 어진(착하고 슬기로운) 사람이 되게 하고자.
* 은덕: 은혜와 덕.

1 [가]와 [나]는 말하는 이가 누구를 떠올리며 쓴 글인가요? | 내용 파악 |

① 할머니　　　　　　② 부모님　　　　　　③ 선생님
④ 친구　　　　　　　⑤ 형제자매

2 [가]의 주제로 알맞은 것을 고르세요. | 주제 |

① 부모님에 대한 원망.
② 부모님에 대한 그리움.
③ 부모님에 대한 감사함.
④ 자식을 사랑하는 부모님의 마음.
⑤ 자신이 어질지 못한 것에 대한 반성.

3 [가]를 풀어서 쓴 내용입니다. 괄호 안에 들어갈 낱말을 찾아 쓰세요. **ㅣ내용 파악ㅣ**

> 부모님께서 날 낳으셔 어진 사람이 되라고 길러 내시니, 두 분이 아니시면 어떻게 내가 어진 사람이 될 수 있었을까. 부모님의 (   ) 을 갚지 못할까 걱정된다.

4 [나]에 대한 설명으로 <u>잘못된</u> 것을 고르세요. **ㅣ내용 파악ㅣ**

① 읽는 사람에게 교훈을 준다.
② 밑줄 친 ㉡이 가리키는 것은 '사랑'이다.
③ 명령형을 사용하여 설득하는 힘이 느껴진다.
④ 부모님이 살아 계실 때 효도를 하라는 내용이다.
⑤ 밑줄 친 ㉠은 '마음이 쓰리고 아프다'라는 뜻이다.

5 [가]와 [나]에 대한 설명으로 <u>잘못된</u> 것을 고르세요. **ㅣ배경지식ㅣ**

① 이러한 글을 '전래 동요'라고 한다.
② 초장, 중장, 종장의 3장으로 되어 있다.
③ 종장의 첫 부분은 세 글자로 시작한다.
④ 조상들의 삶의 교훈과 지혜가 담겨 있다.
⑤ 고려 말부터 조선 시대에 걸쳐 발전된 우리나라 고유의 시다.

6 다음 중 [가], [나]와 관련 있는 사자성어를 고르세요. **ㅣ배경지식ㅣ**

① 붕우유신(朋友有信): 친구 사이에는 믿음이 있어야 한다.
② 군신유의(君臣有義): 임금과 신하에게는 의리가 있어야 한다.
③ 장유유서(長幼有序): 어른과 아이 사이에는 차례와 질서가 있어야 한다.
④ 부부유별(夫婦有別): 남편과 아내 사이의 도리는 서로 침범하지 않아야 한다.
⑤ 부자유친(父子有親): 부모는 자식에게 인자하고, 자식은 부모에게 존경과 섬김을 다해야 한다.

나 보기가 역겨워

가실 때에는

말없이 고이 보내 드리우리다.

영변(寧邊)에 약산(藥山)

진달래꽃

아름 따다 가실 길에 뿌리우리다.

가시는 걸음 걸음

놓인 그 꽃을

사뿐히 즈려밟고 가시옵소서.

나 보기가 역겨워

가실 때에는

㉠ 죽어도 아니 눈물 흘리우리다.

(김소월)

* 영변: 평안북도 영변군에 있는 작은 마을.

* 약산: 평안북도 영변 서쪽에 있는 산. 진달래가 유명함.

* 즈려밟고: '지르밟고(위에서 내리눌러 밟고)'의 사투리.

1 빈칸을 채워 이 시의 제목을 지어 보세요. | 제목 |

		꽃

2 이 시에 관한 설명으로 옳지 <u>않은</u> 것을 고르세요. |내용 파악|

① 4연 12행으로 이루어졌다.

② '-우리다'를 반복하여 리듬감을 살렸다.

③ 과장된 표현을 사용해 현실을 비판하고 있다.

④ 사랑하는 사람과의 이별을 글감으로 하고 있다.

⑤ 글자 수가 비슷하게 반복되어 리듬감을 느낄 수 있다.

3 이 시에서 말하는 이의 마음을 알맞게 표현한 것을 고르세요. |감상|

① 떠나갔던 임이 돌아와 기쁘다.

② 정든 고향을 떠나서 슬프다.

③ 사랑하는 사람이 죽어서 화난다.

④ 사랑하는 사람과 이별하여 슬프다.

⑤ 싫어하는 사람이 떠나서 후련하다.

4 이 시의 주제로 알맞은 것을 고르세요. |주제|

① 이별의 슬픔.　　　　　　② 만남의 기쁨.

③ 진달래꽃의 아름다움.　　④ 떠난 임에 대한 분노.

⑤ 떠난 임에 대한 그리움.

5 밑줄 친 ⊙과 어울리는 사자성어를 고르세요. |배경지식|

① 고진감래(苦盡甘來): 고생 끝에 즐거움이 옴.

② 일구이언(一口二言): 한 입으로 두 말을 함.

③ 구사일생(九死一生): 아홉 번 죽을 뻔하다 한 번 살아남.

④ 일희일비(一喜一悲): 기쁜 일과 슬픈 일이 번갈아 일어남.

⑤ 애이불비(哀而不悲): 속으로는 슬프면서 겉으로는 슬프지 않은 체함.

이 글은 프랑스 작가 기 드 모파상의 작품 〈목걸이〉다. [가]~[라]는 글을 순서대로 적은 것이다. [가]와 [다]에는 글을 요약했고 [나]와 [라]에는 원문(원래의 글)을 실었다.

[가]

마틸드는 젊고 아름다웠다. 하지만 가난한 집의 딸이라 지참금을 마련하기 어려워 부유한 집안의 남자와 결혼할 수 없었다. 가난한 하급 공무원과 결혼한 마틸드는 생활이 넉넉지 못하여 몸치장을 화려하게 할 수도 사치를 부릴 수도 없었다.

자신이 가진 아름다움과 매력만으로도 세상의 온갖 사치와 부를 누릴 자격이 있다고 생각했던 마틸드는, 누추한 집, 낡은 가구, 빛바랜 커튼 등을 볼 때마다 괴로웠다. 화려한 옷을 입고 멋진 보석으로 장식하는 일은 상상에서나 가능했다. 현실에서는 보석은커녕 제대로 된 옷 한 벌조차 살 수 없었다.

마틸드에게는 부자 친구 잔느가 있었다. 하지만 마틸드는 잔느를 별로 만나고 싶어 하지 않았다. 잔느를 만나고 나면 자신과 비교하여 못사는 자기 자신을 비관했기 때문이다.

그러던 어느 날, 남편이 무도회 초대장을 가지고 왔다. 남편은 마틸드가 무척 기뻐할 거라고 생각했만, 마틸드의 반응은 시큰둥했다. 무도회에 입고 갈 화려한 옷이 없었기 때문이다. 남편은 사냥총을 사려고 모아 둔 돈으로 마틸드에게 옷을 사 주었다.

[나]

무도회 날짜가 점점 다가왔다. 그러나 그녀의 표정은 여전히 어두워 보였다.

"당신 요즘 왜 그래? 무슨 고민 있어?"

"옷만 있으면 뭘 해요. 몸치장할 만한 보석이 아무것도 없잖아요. 차라리 무도회에 가지 않는 게 낫겠어요."

* 지참금: 결혼할 때 신부가 신랑집에 가지고 가는 돈이나 물건.
* 하급: 등급을 상·중·하로 나눌 때 가장 아래 등급.
* 비관: 자기 처지가 괴롭고 슬프다고 여기는 것.
* 무도회: 여럿이 춤을 추고 놀면서 사람을 사귀는 모임.

"꽃을 달면 어떨까? 10프랑 정도면 예쁜 장미 두세 송이는 살 수 있을 거야."

"싫어요. 초라해 보일 게 틀림없어요. 돈 많은 여자들 앞에서 망신당하기 싫어요."

"그럼, 당신 친구 잔느에게 빌려 달라고 하면 어떨까?"

남편의 말에 마틸드의 얼굴이 밝아졌다.

"맞아. 내가 왜 그 생각을 못 했지? 그 애는 두말하지 않고 빌려줄 거예요."

다음 날, 마틸드는 잔느를 찾아갔다.

"마틸드, 네 마음에 드는 걸로 골라 봐."

잔느는 보석 상자를 열어 보이며 말했다. 마틸드는 그중에서 다이아몬드 목걸이를 골랐다. 거울에 비친, 목걸이를 한 자신의 모습이 무척 아름다웠다.

"이거 빌려줄 수 있니? 다른 건 필요 없고 이것만 있으면 충분해."

"좋아, 그렇게 해. 마틸드."

[다]

무도회 날이 되었다. 마틸드는 누구보다 우아하고 아름다워 보였다. 모든 남자가 그녀를 바라보았고, 그녀의 이름을 물어보았으며, 소개받기를 원했다. 마틸드는 자신의 미모에 만족해하며 기쁨에 들뜬 하루를 보냈다.

그런데 집에 도착해 거울을 보니, 목에 목걸이가 보이지 않았다. 놀란 마틸드는 드레스와 외투, 호주머니 등을 샅샅이 뒤졌다. 하지만 목걸이는 없었다. 목걸이를 돌려주기로 약속한 날짜가 다가오자 남편은 빌린 것과 똑같은 목걸이를 사기로 했다.

다행히 잔느의 것과 똑같아 보이는 목걸이를 찾았다. 그런데 값이 무려 3만 6천 프랑이나 되었다. 부부가 구경조차 못해 본 큰돈이었다. 남편은 아버지가 물려주신 유산 1만 8천 프랑을 목걸이 값에 보태고, 나머지는 이 사람 저 사람에게 빌렸다.

마틸드는 새로 산 목걸이를 가지고 잔느에게 갔다. 혹시나 잔느가 바뀐 목걸이를 알아볼까 싶어 조마조마했다. 그러나 잔느는 목걸이 상자를 열어 보지도 않았다.

그날 이후 마틸드 부부는 빚을 갚기 위해 노력했다. 생활비를 줄이려고 하녀를 내보냈고, 다락방으로 이사했다. 마틸드는 기름투성이 그릇을 닦고, 더러운 옷을 직접 빨았다. 아침마다 쓰레기를 버리러 거리로 나갔고, 물을 길어 오느라 몇 번이나 계단을 오르내렸다. 낡은 옷을 입고 시장을 돌아다니며 물건값을 조금이라도 더 깎으려다 욕을 먹기도 했다. 남편

* 프랑: 프랑스의 화폐 단위.

은 퇴근 후에 부업으로 상인들의 장부를 정리하거나 서류를 베껴 주는 일을 했다.

그렇게 10년이 지나 모든 빚을 갚게 되었다. 마틸드는 이제 늙고 가난한 시골 아낙네처럼 보였다. 헝클어진 머리에 항상 구겨진 치마를 입고 있었고, 손도 거칠어졌다. 목소리도 커져서 누구도 과거 마틸드의 모습을 기억해 내지 못했다.

[라]

어느 일요일이었다. 마틸드는 거리를 산책하고 있었다. 그러다 아이를 데리고 나온 잔느를 우연히 보게 되었다. 그녀는 여전히 젊고 아름다웠다.

'잔느에게 모든 걸 말할까? 그래, 빚도 다 갚았으니 무슨 상관있겠어.'

마틸드는 잔느에게 다가갔다.

"잔느구나, 정말 오랜만이야."

잔느는 마틸드를 알아보지 못했다.

"누구시죠? 저는 당신을 모르겠는데……. 사람을 잘못 보신 것 아니에요?"

"잔느, 나야. 마틸드."

잔느는 눈을 동그랗게 뜨고 마틸드를 바라보았다.

"어머나, 마틸드! 네 모습이 왜 이래? 세상에 그동안 무슨 일이 있었던 거야?"

"그동안 정말 고생을 많이 했단다. 그것도 다 너 때문이지만."

"나 때문이라고? 그게 무슨 말이야?"

잔느가 어리둥절한 표정으로 물었다.

"10년 전에 내가 목걸이를 빌린 적 있었지? 무도회에 가기 위해서 말이야. 사실은 그날 목걸이를 잃어버렸어."

"무슨 얘기니? 그 목걸이는 내게 돌려줬잖아."

"그건 모양은 비슷하지만 다른 목걸이야. 그 목걸이 값을 치르느라 10년이나 걸렸지 뭐야. 이젠 빚도 다 갚았어. 네게 다 말하니 이제 정말 후련하구나."

그 순간 잔느의 표정이 굳어졌다.

"그럼 내 것 대신에 다른 다이아몬드 목걸이를 사 왔단 말이니?"

"응, 넌 아직 그 사실을 모르고 있었구나. 하긴, 아주 비슷했으니까."

잔느는 너무나 안타까워 마틸드의 손을 잡고 말했다.

"㉠ 불쌍한 마틸드! 그 목걸이는 가짜였어. 기껏해야 5백 프랑밖에 되지 않는 것이었는데……."

1 이 글의 소재는 무엇인가요? | 글감 |

_____

2 '분수에 넘치게 돈을 쓰면서 호화롭게 사는 것'의 뜻을 지닌 낱말을 [가]에서 찾아 쓰세요. | 어휘 |

_____

3 마틸드에 대한 설명으로 바르지 <u>않은</u> 것을 고르세요. | 내용 파악 |

① 부자 친구가 있다.

② 남편은 가난한 공무원이다.

③ 겉모습이 아름답고 매력적이다.

④ 다이아몬드 목걸이를 가지고 있다.

⑤ 부유하고 호화스러운 생활을 꿈꾼다.

4 마틸드의 남편이 가져온 것은 무엇인가요? | 내용 파악 |

① 꽃   ② 화려한 보석

③ 무도회 초대장   ④ 전시회 관람권

⑤ 다이아몬드 목걸이

5 마틸드가 무도회에 가지 않으려고 한 까닭은 무엇인가요? | 내용 파악 |

① 춤을 못 춰서.   ② 너무 바빠 시간이 없어서.

③ 자신이 못생겼다고 생각해서.   ④ 사람들과 만나는 것을 싫어해서.

⑤ 입고 갈 화려한 옷과 장신구가 없어서.

6 빌린 돈을 갚기 위해 마틸드 부부가 했던 일이 <u>아닌</u> 것을 고르세요. **┃내용 파악┃**

① 하녀를 내보냈다.

② 친구 집에서 가정부로 일했다.

③ 직장에 다녀온 뒤 부업을 했다.

④ 집을 팔고 다락방으로 옮겼다.

⑤ 아버지께 받은 유산을 모두 썼다.

7 이 글에서 가장 중요한 사건은 무엇인가요? **┃내용 파악┃**

① 마틸드가 무도회에 간 일.

② 마틸드가 목걸이를 잃어버린 일.

③ 마틸드가 10년 만에 잔느를 만난 일.

④ 빚을 갚기 위해 마틸드가 온갖 고생을 한 일.

⑤ 남편이 마틸드에게 아름다운 드레스를 사 준 일.

8 ㉠을 들었을 때, 짐작할 수 있는 마틸드의 마음이 <u>아닌</u> 것을 고르세요. **┃추론┃**

① 기쁘다.   ② 놀랍다.   ③ 슬프다.

④ 황당하다.   ⑤ 억울하다.

9 이 글을 읽고 깨달을 수 있는 점을 고르세요. **┃주제┃**

① 물건을 소홀히 다루면 안 된다.

② 오랜 세월은 사람을 변하게 한다.

③ 지나친 허영심은 비극을 불러올 수 있다.

④ 남에게 함부로 물건을 빌려주면 안 된다.

⑤ 물건을 살 때는 진짜인지 가짜인지 잘 분별해야 한다.

10 이 글에 대한 감상으로 알맞지 <u>않은</u> 이야기를 한 사람은 누구인가요? |감상|

① 시영: 외모를 가꾸고 멋진 옷을 입어야 자존심이 높아져.

② 예림: 화려한 겉모습만 쫓다가는 삶이 불행해질 수도 있어.

③ 준이: 남의 것을 욕심내지 말고, 자기가 가진 것에 만족하고 분수를 알아야 해.

④ 보라: 빚을 갚기 위해 최선을 다하는 것으로 보아 남편은 책임감이 강한 사람이야.

⑤ 진훈: 무도회 초대장을 얻어 주고 옷도 사 주는 걸 보니 남편이 마틸드를 무척 사랑한 것 같아.

11 마틸드가 목걸이를 잃어버린 상황과 어울리는 말로, '뜻밖에 당하는 불행한 일'이라는 뜻을 지닌 속담을 고르세요. |배경지식|

① 좋은 약은 입에 쓰다

② 소 잃고 외양간 고친다

③ 믿는 도끼에 발등 찍힌다

④ 마른하늘에 날벼락 맞는다

⑤ 오르지 못할 나무는 쳐다보지도 마라

12 빈칸을 채워 이 글의 내용을 정리하세요. |요약|

(   )는 아름답고 매력적인 외모를 지녔다. 그러나 형편이 넉넉지 못해 사치스러운 생활을 못하는 자신의 처지에 항상 불만을 품고 살았다.

어느 날, 남편이 무도회 초대장을 가져 왔다. 마틸드는 남편이 사 준 드레스를 입고, 친구 잔느에게 빌린 (   ) 목걸이를 걸고 무도회에 참석했다. 행복한 시간을 보내고 집으로 돌아온 마틸드는 (   ) 가 없어진 사실을 알게 됐다.

마틸드 부부는 잃어버린 목걸이와 똑같아 보이는 것을 사서 잔느에게 돌려주었다. 부부는 목걸이를 사기 위해 진 빚을 (   )년 만에 갚았다.

우연히 잔느를 만난 마틸드는 그제야 빌린 목걸이가 (   ) 다이아몬드였다는 걸 알게 되었다.

이 글은 미국 작가 해리엇 비처 스토의 작품 〈톰 아저씨의 오두막〉이다. [가]는 이 글 전체를 요약한 것이고, [나], [다], [라]는 글의 주요 부분이다.

다음은 이 글의 등장인물에 대한 간단한 소개다.

톰: 흑인 노예.

조지 해리스: 엘리자의 남편. 흑인 노예.

엘리자: 조지 해리스의 부인. 흑인 노예.

해리: 조지 해리스 부부의 아들.

셸비: 톰의 첫 번째 주인. (백인)

조지 셸비: 셸비의 아들. (백인)

세인트클레어: 톰의 두 번째 주인. (백인)

레글리: 톰의 세 번째 주인. (백인)

[가]

톰은 머리가 좋고 성실해 주변 사람에게 존경받는 노예다. 미국 켄터키 주에서 큰 농장을 경영하던 주인 셸비는, 사업 실패로 진 빚을 갚기 위해 톰과 어린 해리를 노예 상인 헤일리에게 팔기로 한다. 이 사실을 엿들은 해리의 엄마 엘리자는 톰에게 도망치라고 한다. 하지만 톰은 자신이 도망가면 가족이 위험해질 것을 염려해 순순히 팔려 가기로 결심한다. 반면, 엘리자는 어린 아들을 데리고 셸비의 집에서 도망친다.

톰이 팔려 가던 날, 그를 무척 좋아하던 주인집 아들 조지 셸비는 이별을 슬퍼하며, 자신이 크면 반드시 톰을 찾으러 가겠다고 약속한다. 한편, 헤일리는 노예 사냥꾼들에게 엘리자를 잡아 오면 해리는 자기가 갖고, 엘리자는 그들에게 주겠다고 말한다.

배에 실려 끌려가던 톰은 강물에 빠진 백인 소녀 에바를 구한다. 그 인연으로 톰은 에바의 아버지 세인트클레어의 노예가 된다. 에바는 글자를 잘 모르는 톰을 대신해 가족에게 편지를 써 주는 등 톰의 친구가 되어 준다. 세인트클레어도 톰의 성품을 알아보고는 그를 깊이 신뢰한다. 그렇게 2년이 지난 어느 날, 에바는 어린 나이에 병으로 죽는다. 그리고 톰에게 자유를 주겠다고 약속한 세인트클레어도 갑작스러운 사고로 죽는다. 그 뒤, 톰은 레글리라는 못된 농장 주인에게 팔려 간다.

한편, 엘리자는 아들을 데리고 도망치다가 남편 조지 해리스를 만난다. 해리스는 부인보

* 노예 사냥꾼: 도망친 노예를 잡으러 다니는 사람.

다 앞서 캐나다로 가던 중이었다. 여러 사람의 도움으로 추격자를 따돌리고 미국을 벗어나던 조지 해리스 일행은, 자신들을 쫓던 노예 사냥꾼의 목숨을 살려 준다. 이에 감동한 노예 사냥꾼은 이들의 탈출을 돕고, 조지 해리스 가족은 무사히 캐나다에 도착한다.

그 무렵 레글리에게 팔려 간 톰은 채찍을 맞아가며 온종일 힘들게 일한다. 그러다 두 여자 노예의 탈출 계획을 알고도 말하지 않았다는 이유로 심하게 매를 맞는다.

이틀 뒤, 조지 셸비가 청년이 되어 톰을 찾아오지만, 피투성이가 된 톰은 조지의 품에서 눈을 감는다. 조지는 톰의 무덤 앞에서 ㉠ 노예 제도를 없애기 위해 노력하겠다고 맹세한다. 그리고 집으로 돌아와 노예들을 자유의 몸으로 풀어 준다.

[나]

마차에 올라탄 톰에게 헤일리가 족쇄를 채우는 모습을 보고, 셸비 부인이 소리쳤다.

"톰은 도망치지 않아요! 족쇄를 풀어주세요."

"안 됩니다, 마님. 어젯밤에도 엘리자와 해리가 도망쳐서 저는 손해 보았는걸요."

톰은 배웅 나온 사람들을 둘러보고 나서 셸비 부인에게 말했다.

"조지 도련님을 못 보고 떠나서 섭섭하군요."

"조지는 오늘 아침 일부러 친구네 집으로 보냈다네. 자네가 떠나는 것을 알면 그 아이도 큰 상처를 받을 테니까."

마침내 마차가 움직이기 시작했다. 헤일리는 톰의 손에 채운 수갑을 늘리려고 큰길에 있는 대장간에서 멈추었다. 그때, 누군가 소리치며 급히 말을 타고 달려왔다.

조지였다. 조지는 말에서 내리자마자 톰의 목에 매달려 울음을 터뜨렸다.

"이건 정말 나쁜 짓이야! 내가 어른이 되면 ㉡ 이런 일은 절대 용서하지 않을 테야."

"도련님을 못 뵙고 떠나는 게 마음에 걸렸는데, 이렇게 와 주셔서 고마워요. 부디 잘 자라서 훌륭한 사람이 되세요."

"톰 아저씨, 기다리고 있어. 내가 어른이 되면 꼭 톰 아저씨를 찾으러 갈 테니까."

조지는 주머니에서 목걸이 하나를 꺼냈다. 금화에 구멍을 뚫어 만든 목걸이였다. 그것을 톰의 목에 걸어 주고, 보이지 않도록 셔츠의 단추를 잠가 주었다.

"내가 생각날 때마다 이 목걸이를 봐. 그러면 내가 아저씨를 찾으러 가겠다고 한 약속이

* 노예 제도: 피부가 검은 사람들을 노예로 삼아, 그들을 사고팔던 비인간적인 제도.
* 족쇄: 죄인이나 노예의 발목에 채우던 쇠사슬.

떠오를 거야. 사람을 쇠사슬로 묶어 사고팔다니, 나는 절대 그런 짓을 하지 않을 거야."

톰은 울며 매달리는 조지를 겨우 떼어 놓고 마차에 올라탔다.

[다]

에바의 장례가 끝나고 며칠 뒤, 세인트클레어 씨가 톰을 부르더니 조용히 말했다.

"톰, 자네를 자유의 몸으로 풀어주고 싶어. 자네는 정말로 에바를 사랑해 주었어. 에바를 생각하면, 에바가 그렇게 해 달라고 소리치는 것 같아."

"그게 정말입니까, 주인님?"

톰이 진심으로 기뻐하는 것을 보고 클레어 씨의 얼굴이 조금 어두워졌다.

"여기에 있기가 그렇게 싫으냐?"

"아닙니다. 그렇지 않습니다. 저는 자유로운 몸이 되는 게 기쁜 것입니다. 사람이면 누구나 자유를 원합니다. 여기에서는 저도 거의 자유로웠습니다. 그래도 노예는 노예입니다. 자유롭게 해 주신다니, 이렇게 기쁜 일은 없습니다."

"그렇겠구나. 에바도 늘 그렇게 말했어. 그렇지만 에바가 세상을 떠나고, 너도 떠나 버리면 쓸쓸해지겠구나."

"주인님, 설령 자유의 몸이 된다고 하더라도 저는 당장 이 집을 떠나지는 않겠습니다. 주인님께서 에바 아가씨를 잃은 슬픔에서 벗어나실 때까지는 있겠습니다."

"고맙다. 그렇지만 당장 가도 괜찮아. 내일 서류를 갖추어 주마. 실은 벌써 다 되어 있단다. 서명만 하면 되니까. 그런데 오늘은 지금 나가야 해."

세인트클레어 씨는 톰을 물러가게 한 뒤 모자를 쓰고 외출했다. 그리고 그날 밤, 사고를 당해 에바가 있는 하늘나라로 가고 말았다.

[라]

레글리의 집에 한 젊은 신사가 찾아와 톰의 소식을 물었다.

"뉴올리언스에서 이곳으로 팔려 온 노예가 있다던데요?"

신사는 셸비의 아들 조지였다. 그는 아버지가 갑자기 병으로 죽자 장례식을 치른 다음 곧바로 톰을 찾기 위해 뉴올리언스에 있는 클레어의 집으로 갔다. 그러나 이미 팔려 갔다는 소식을 듣고 곧장 이리로 달려온 것이었다.

"그런 노예가 있기는 있소만 왜 찾는 거요?"

"그는 전에 우리 집에 있었는데, 다시 사 가려고 왔어요."

"그 녀석은 어찌할 도리가 없는 녀석이오. 우리 집 노예를 두 명이나 도망치게 해 주었다오. 벌을 주었는데, 이제 가망이 없을지도 모르오."

"뭐라고요? 어디에 있나요?"

조지는 놀라서 다그쳐 물었다.

"톰은 창고에 있어요."

조지 옆에서 이야기를 듣고 있던 소년이 말했다. 레글리는 그 소년을 발로 찼다.

아이가 알려 준 곳에 가 보니 톰은 낡아빠진 창고의 짚더미 위에 쓰러져 있었다. 코를 찌르는 듯한 피 냄새가 풍겨 왔다.

"톰 아저씨! 저예요, 조지가 왔어요."

톰은 아무런 대답이 없었다. 조지는 톰을 안아 일으켰다.

"톰 아저씨, 나야, 조지…… 아저씨를 찾으러 왔어요. 제발 눈 좀 뜨세요."

그제야 톰은 가느다랗게 눈을 떴다.

"아아, 조지 도련님…… 정말 약속을 지켰군요."

"그래요. 그런데 이게 무슨 꼴이에요? 얼른 일어나 우리 집으로 가요."

"고맙습니다. 도련님, 그런데 저는 이미 살아날 가망이 없어요. 이제 아픔도 괴로움도 없어졌어요. 부디 제 가족을 잘 보살펴……."

톰은 더는 말을 잇지 못한 채 머리를 떨구었다.

"톰 아저씨, 톰 아저씨! 죽지 마! 조지가 왔는데…… 이제야 겨우 찾았는데……."

조지는 톰을 붙잡고 말했다.

"톰 아저씨, 미안해…… 내가 너무 늦었나 봐."

조지는 상처투성이지만 평온한 얼굴의 톰에게 매달려 흐느껴 울었다.

언제 왔는지 레글리가 문 앞에 서 있었다. 조지는 화가 나서 외쳤다.

"당신이 톰 아저씨를 죽였어!"

조지는 주먹으로 레글리를 쓰러뜨렸다. 하지만 레글리는 저항하지 않았다. 톰이 세상을 떠나고 나서야 비로소 '용서한다'던 톰의 말이 와 닿은 것이다.

조지는 외투를 벗어 톰의 시체를 쌌다. 그리고 농장에서 조금 떨어진 언덕에 톰을 묻었다. 조지는 무덤 앞에 무릎을 꿇고 고개를 숙여 속삭였다.

"톰 아저씨, 아저씨는 노예였던 탓에 이런 참혹한 꼴을 당한 거예요. 고향으로 돌아가면 노예들을 모두 자유의 몸으로 풀어 주겠어요. 톰 아저씨의 영혼에 맹세할게요. 부디 편안히 잠드세요."

조지는 무거운 마음을 안고 집으로 가는 배에 몸을 실었다.

1 이 이야기의 배경은 어느 나라인가요? | 배경 |

① 독일　　　　　　② 미국　　　　　　③ 영국

④ 캐나다　　　　　⑤ 아프리카

2 톰의 신분은 무엇이었나요? | 내용 파악 |

① 노예　　　　　　② 목사　　　　　　③ 귀족

④ 장사꾼　　　　　⑤ 농장 주인

3 이 글의 내용으로 맞는 것에는 O, 틀린 것에는 X 하세요. | 내용 파악 |

① 톰은 강물에 빠진 클레어를 구해 주었다.　　　　　　　　(　　　　)

② 엘리자는 도망치다 노예 상인에게 잡혔다.　　　　　　　(　　　　)

③ 세인트클레어 덕분에 톰은 자유의 몸이 되었다.　　　　(　　　　)

④ 셸비는 빚을 갚으려고 톰을 노예 상인에게 팔았다.　　　(　　　　)

⑤ 조지는 노예들을 모두 자유의 몸으로 풀어 주었다.　　　(　　　　)

4 인물에 대한 설명이 <u>잘못된</u> 것을 고르세요. | 내용 파악 |

① 세인트클레어는 톰을 존중한다.

② 레글리는 톰을 가족처럼 보살핀다.

③ 셸비의 부인은 톰을 불쌍히 여긴다.

④ 조지와 에바는 톰을 친구처럼 대한다.

⑤ 헤일리는 톰을 사고팔며 함부로 대한다.

5 밑줄 친 ⓒ을 [나]에서 찾아 쓰세요. | 내용 파악 |

_____

6 엘리자와 남편 해리스가 캐나다로 도망친 까닭은 무엇일까요? | 추론 |

① 캐나다에 친척이 살아서.

② 캐나다에는 일자리가 많아서.

③ 캐나다에는 노예 제도가 없어서.

④ 캐나다에 가면 큰돈을 벌 수 있어서.

⑤ 엘리자와 해리스의 고향이기 캐나다여서.

7 조지가 ㉠처럼 마음먹은 까닭은 무엇인가요? | 추론 |

① 영웅이 되고 싶어서.

② 아버지의 유언이라서.

③ 톰 아저씨가 간곡하게 부탁해서.

④ 흑인 노예들이 권유했기 때문에.

⑤ 톰 아저씨의 억울한 죽음을 보았기 때문에.

8 이 글을 통해 알 수 있는 사실이 <u>아닌</u> 것을 고르세요. | 추론 |

① 백인들은 노예를 물건처럼 사고팔았다.

② 미국의 백인들이 흑인을 노예로 부렸다.

③ 흑인 노예들은 글을 읽고 쓰지 못하는 경우가 있었다.

④ 흑인 노예들은 죽을 때까지 자유의 몸이 될 수 없었다.

⑤ 흑인 노예들은 대부분 고된 노동에 시달렸고, 인간다운 대접을 받지 못했다.

9 아래 대화를 읽고, 이 글의 내용과 어울리지 <u>않는</u> 말을 한 사람을 고르세요. **| 감상 |**

> 조지 해리스: 어제 일을 하고 있는데 주인집 아들이 와서 채찍을 휘둘렀어요. 그러다 주인이 나오니까 울면서 제가 때렸다고 거짓말을 하더군요. 주인은 저를 나무에 붙들어 매고 아이에게 채찍을 주며 저를 때리라고 했어요. 또 제가 발명한 기계에 대한 모든 권리를 빼앗아 갔지요.
>
> 톰: 농장 입구에는 무섭고 큰 개 서너 마리가 있어요. 레글리는 우리에게, 도망치려 했다가는 순식간에 갈기갈기 찢길 줄 알라고 하더군요. 일하다가 잠시 한눈이라도 팔면 채찍이 날아왔죠. 옷도 일 년에 한 번 바꿔 주었는데, 그마저도 헌 옷이었지요.

① 민성: 노예 제도는 사람을 구분 짓고 차별하는 정말 나쁘고 비인간적인 제도였어.

② 재은: 레글리는 노예들을 짐승처럼 취급했어. 사람을 채찍으로 때리다니 너무 잔인해.

③ 규현: 자신의 능력을 인정받지 못하고, 권리도 주장할 수 없는 노예의 삶이 너무 불쌍해.

④ 세라: 어린아이에게도 학대와 무시를 당해야 했던 노예들은 얼마나 비참한 심정이었을까.

⑤ 호준: 주인이 때리거나 가두어도 가만히 있었던 건, 노예들이 어리석었기 때문이야.

10 다음 글을 읽고, 빈칸에 들어갈 내용으로 바르게 짝지은 것을 고르세요. **| 배경지식 |**

> 〈톰 아저씨의 오두막〉은 1852년에 발표되었다. 당시 미국의 북부는 공업 지대였고, 남부는 농업 지대였다. 남부는 목화 농사를 짓기 위해 노예 제도를 인정했지만, 북부는 아니었다. 1861년, 노예 해방을 선거 공약으로 내세운 [   ]이(가) 대통령으로 뽑혔다. 그러자 남부의 7개 주가 '남부 연합'이라는 나라를 세웠다. 그해 남부 연합이 북부를 공격해 오면서 [   ]이 시작되었다. 4년 동안 계속된 이 전쟁은 남부 연합의 항복으로 끝났다. 이후 수많은 흑인 노예들이 자유를 얻게 되었다.

① 링컨, 독립전쟁　　　　　　　　② 링컨, 남북전쟁

③ 존슨, 노예전쟁　　　　　　　　④ 케네디, 남북전쟁

⑤ 케네디, 독립전쟁

폭풍우가 휘몰아치는 밤이었다. 자니는 오두막 안의 꺼져 가는 난로 옆에서 낡은 돛을 깁고 있었다. 밖은 사나운 바람이 불고, 세찬 빗줄기가 유리창에 부딪혔다. 성난 파도가 암벽에 부딪혀 철썩이는 소리도 들렸다. 자니는 그 파도 소리가 끔찍이 싫었다.

밖은 춥고 어두웠으며 폭풍우가 거셌다. 하지만 오두막 안은 포근하고 아늑했다. 흙바닥이지만 깨끗하게 정돈되어 있었고, 찬장에는 접시들이 가지런히 놓여 있었다. 한쪽에는 흰 천을 깔아 놓은 낡은 침대가 깔끔하게 정돈되어 있었다. 낡은 카펫이 깔린 방바닥에는 다섯 아이가 요란한 폭풍우에도 아랑곳없이 잠들어 있었다.

자니의 남편은 고기를 잡으러 바다에 나가 있었다. 이처럼 춥고 사나운 날씨에 바다로 나가는 일은 위험한 일이지만 식구를 먹여 살리려면 폭풍우도 무릅써야 했다.

자니는 바느질을 하면서도 마음은 바다에 가 있었다. 이렇게 강한 비바람이 몰아치는 날이면 한시도 마음을 놓을 수 없었다. 간간이 거센 폭풍우를 뚫고 애처롭게 우는 갈매기 소리가 들려왔다. 비는 사그라지지 않고 줄기차게 퍼부었다.

자니는 불길한 생각이 들었다. 폭풍우에 배가 난파당하는 무서운 장면이 자꾸 떠올랐다. 배는 암초에 걸려 산산조각이 나고, 물에 빠진 사람들은 살려 달라고 아우성치는 소리가 들리는 듯했다.

'정말 끔찍해!'

자니는 몸을 웅크렸다. 그때 낡은 괘종시계가 울리며 시간을 알렸다. 아이들은 아무것도 모른 채 깊이 잠들어 있었다.

자니는 자신의 인생을 돌아보았다. 남편은 온갖 위험을 무릅쓰고 바다에 나가 하루 내내 고기를 잡고, 자신은 눈코 뜰 새 없이 집안일을 하며 다섯 아이를 돌보았다. 아이들은 신발

* 돛: 배 위 기둥에 높게 매단 넓은 천. 바람을 받아 배를 움직이게 한다.
* 암벽: 벽처럼 곧고 크게 솟은 바위.
* 무릅써야: 참고 견뎌야.
* 난파: 배가 폭풍우(거센 바람이 불면서 쏟아지는 비) 등으로 부서지거나 뒤집히는 것.
* 괘종시계: 벽이나 기둥에 걸어 두는 시계.

이 없어 한겨울에도 맨발로 다녀야 했고, 빵은커녕 멀건 수프 한 숟가락이나마 감사히 먹어야 했다. 바닷가에 살아서 그나마 생선은 가끔 먹을 수 있었다. 그래도 자니는 아이들이 별 탈 없이 건강하게 자라 주는 것만으로도 감사했다. 자니는 두 눈을 감고 간절한 마음으로 기도했다.

'하느님! 그이가 무사할 수 있도록 지켜 주세요.'

그러나 비바람 소리는 점점 거세졌다. 참다못한 자니는 외투를 걸치고 램프를 켜 든 채 밖으로 나갔다. 남편이 돌아오고 있는지, 바다가 조금 잔잔해졌는지, 등댓불이 꺼지지는 않았는지 살피기 위해서였다.

밖은 여전히 춥고 폭풍우는 더욱 세차게 휘몰아치고 있었다. 자니는 아랫마을을 향해 걸었다. 어느덧 바닷가에 인접한 낡은 초가집 앞에 이르렀다. 벽은 허물어지고 앙상한 기둥에 낡은 문이 매달려 있었다. 바람이 불 때마다 문이 삐걱거렸다.

폭풍우는 그 초가집을 한입에 삼키기라도 하려는 듯 세차게 불어닥쳤다. 자니는 발걸음을 멈추고 창문으로 집 안을 들여다보았다. 빈집처럼 캄캄하고 적막했다. 그러다 문득 잊고 있었던 일이 떠올랐다.

'내가 깜박 잊었네. 이 집에 사는 아이 엄마를 돌봐 줬어야 했는데. 아무도 돌봐 줄 사람이 없다고 남편이 늘 안타까워했는데…….'

자니는 초가집 문을 두드렸다. 그러나 안에서는 ㉠[   ]이 없었다.

'㉡ 가엾어라! 어린것들도 돌봐 줘야 할 텐데……. 자신마저 앓아누웠나 보네. 둘째를 임신했을 때 남편이 죽고 홀로 아이들을 키워야 했으니 너무 가여워.'

자니는 여러 번 문을 두드렸다.

"안에 계세요? 아무도 없나요?"

여전히 아무 대답도 ㉠[   ]도 없었다. 비에 흠뻑 젖은 자니는 온몸이 부들부들 떨렸다. 집으로 돌아가려고 몸을 돌리는 순간 강한 바람이 몰아쳤다. 자니가 휘청거리면서 문에 부딪히는 바람에 문이 떨어져 나갔다.

자니는 램프로 집 안을 비추었다. 집 안은 바깥보다 더 싸늘한 냉기가 감돌았다. 천장 여기저기에서는 빗물이 흘러내렸다. 벽 쪽에는 지푸라기로 된 침대가 있었다. 그리고 그 위에 여자의 시체가 놓여 있었다. 머리는 뒤로 젖혀지고, 창백한 얼굴은 입을 벌린 채 괴로운 표

* 램프: 그릇에 석유를 담아 심지에 불을 붙이고 둥근 유리를 씌운 등.

* 적막했다: 고요하고 쓸쓸했다.

정을 짓고 있었다. 죽는 순간까지 무언가를 붙잡으려고 애쓴 듯 쭉 뻗은 손은 침대 아래로 축 늘어져 있었다. 죽은 여인의 옆에는 두 아기가 작은 이불에 싸여 있었다. 핼쑥하고 마른 듯 보였지만 예쁜 얼굴이었다. 금발에 곱슬머리인 아기들은 아무것도 모른 채 평화롭게 잠들어 있었다. 여인은 죽는 순간까지도 아기들을 낡은 이불로 덮어 주고, 그 위에 자기 옷을 더 얹어 준 모양이었다. 죽음보다 강한 ⓒ [   ]였다. 아기들은 깊게 잠이 들어 옆에서 바스락거려도 깨지 않았다.

비바람은 점점 거세졌다. 죽은 어머니의 뺨 위로 지붕에서 새는 빗방울이 떨어졌다. 그 빗물은 근심과 걱정을 남기고 죽어야 했던 어머니의 한스러운 ⓔ [   ] 같았다.

자니는 외투 속에 뭔가를 훔쳐 들고 도망치듯 그 집을 뛰쳐나왔다. 심장은 뛰고, 누군가 뒤에서 자기를 쫓아오는 것 같았다. 집에 돌아온 자니는 외투 속에 감춰 온 것을 침대 위에 놓고 재빨리 이불로 덮어 버렸다. 그리고 의자에 걸터앉아 침대 위에 머리를 대고 엎드렸다. 자니의 얼굴은 몹시 창백하고 불안해 보였다. 양심의 가책을 받고 자신의 잘못을 탓하는 듯했다. 그리고 정신 나간 사람처럼 중얼거렸다.

"내가 무슨 짓을 한 거지? 다섯 아이 키우는 것도 힘겨운데, 이런 어리석은 짓을 하다니……. 그이가 와서 차라리 욕이라도 해 주었으면! 난 몹쓸 짓을 했어."

그때 문밖에서 소리가 나는 것 같았다. 자니는 몸을 떨며 의자에서 일어났다.

"아, 아직 안 왔구나! 하느님, 제가 왜 그랬을까요? 이런 짓을 저지르고 어떻게 그이의 얼굴을 똑바로 볼 수 있을까요?"

자니는 한참을 침대 옆에 앉아 있었다.

어느새 비가 그치고 해가 뜨기 시작했다. 그러나 여전히 바람은 세차게 불고, 파도는 거칠었다. 잠시 후, 문이 열리더니 축축하고 시원한 바람이 들어왔다. 뒤이어 구릿빛 피부에 키가 큰 어부가 찢어진 그물을 끌며 오두막 안으로 들어왔다.

"자니, 나 왔어!"

어부는 반가운 목소리로 말했다.

"오, 당신이군요."

자니는 의자에 앉아 고개를 푹 숙인 채 대답했다.

"정말 끔찍한 밤이었어! 날씨 한번 정말 무섭더군."

* 핼쑥하고: 얼굴에 핏기가 없고.
* 가책: 자신의 잘못을 깨달아 스스로 꾸짖는 것.

"정말 그랬어요. 그래 고기는 많이 잡았어요?"

"고기가 다 뭐야. 아주 엉망이었어. 멀쩡한 그물만 다 찢겼어. 태어나서 이렇게 무서운 폭풍우는 처음이었어. 마치 미쳐서 날뛰는 악마 같더라니까! 살아 돌아온 것만도 다행이지. 그런데 당신은 뭘 하고 있어?"

남편은 피곤한 듯 그물을 끌고 들어와 난로 옆에 앉았다.

자니는 새파랗게 질린 얼굴로 남편을 멍하니 바라보았다.

"뜨개질을 하고 있었어요. 간밤에 어찌나 바람이 심하게 불어 닥치는지 당신 걱정에 잠을 이룰 수 없었어요."

"그랬을 거야. 정말 지독한 날씨였어. 이제 안심해도 돼. 그런데 무슨 일이 있었소? 얼굴이 안 좋아 보이는구려."

자니는 할 말을 잃었다. 한참 만에 자니는 겁먹은 얼굴로 더듬거리며 말했다.

"여보, 시몬 부인이 죽었어요. 언제 죽었는지는 모르겠어요. 아마도 엊그제 당신이 그 집에 다녀온 뒤인 것 같아요. 죽을 때 몹시 고통스러웠나 봐요. 어린것들을 두고 떠나려니 마음이 찢어지도록 아팠겠죠. 더욱이 젖먹이 둘을 남겨 놓았으니……."

자니는 말을 잇지 못하고 흐느꼈다. 죽은 시몬 부인의 작은 아이는 아직 말도 못 하고, 큰아이는 이제 겨우 말을 시작하는 참이었다. 남편도 이 사실을 잘 알고 있다.

남편은 한동안 말이 없었다. 정직하고 순박한 성격인 그의 표정이 점점 굳어졌다.

"정말 안됐어. 앞날이 걱정이군."

그는 안쓰럽다는 듯 목덜미를 손으로 긁적이며 말했다.

"그럼 어쩌지? 아이들이라도 데려와야 하지 않을까? 잠이 깨면 엄마를 찾을 텐데……. 여보, 어서 가서 아이들이라도 데려옵시다."

그러나 자니는 굳어버린 사람처럼 도무지 움직이려고 하지 않았다.

"여보, 빨리 갑시다! 혹시 싫은 거요? 그 불쌍한 아이들을 데려오고 싶지 않은 거요? 당신답지 않군!"

그제야 자니는 천천히 자리에서 일어섰다. 그리고 말없이 남편을 침대 곁으로 끌고 갔다. 그러고는 덮어 놓은 이불을 걷었다. 이불 속에는 시몬 부인의 아이들이 서로 얼굴을 맞대고 누워 평화로운 표정으로 깊은 잠에 빠져 있었다.

(빅토르 위고)

1 이 글에서 이야기의 중심 인물은 누구인가요? | 인물 |

① 자니

② 자니의 남편

③ 시몬 부인

④ 아이들

⑤ 하느님

2 아래의 풀이를 읽고 ㉠과 ㉡에 들어갈 낱말을 쓰세요. | 어휘 |

| ㉠: 사람이 있다는 걸 짐작할 수 있게 하는 소리나 움직임. | 이 ㄱ 척 |

| ㉡: 자식에 대한 어머니의 본능적인 사랑. | ㅁ ㅅ ㅇ |

3 ㉣에 들어갈 가장 어울리는 낱말을 고르세요. | 표현 |

① 땀

② 피

③ 눈물

④ 마음

⑤ 한숨

4 이 글의 중심 사건은 무엇인가요? | 내용 파악 |

① 폭풍우가 몰아친 것.

② 시몬 부인이 죽은 것.

③ 자니의 남편이 고기를 잡으러 나간 것.

④ 자니가 시몬 부인의 아이들을 데려온 것.

⑤ 자니의 남편이 무사히 집으로 돌아온 것.

5 이 글에서 불길한 일이 일어날 것을 예상할 수 있는 상황이 <u>아닌</u> 것을 고르세요. | 추론 |

① 세찬 빗줄기.

② 뜨는 해.

③ 성난 파도.

④ 사나운 바람.

⑤ 폭풍우 치는 밤.

6 자니가 파도 소리를 끔찍이 싫어하는 까닭은 무엇인가요? **| 내용 파악 |**

① 파도 소리가 요란해서.

② 파도에 휩쓸려 간 경험이 있어서.

③ 거센 파도가 오두막을 집어삼킬까 봐.

④ 파도가 거세게 치면 남편이 고기를 많이 잡지 못할까 봐.

⑤ 파도가 거세게 치면 고기를 잡으러 간 남편이 사고를 당할까 봐.

7 이 글의 내용과 다른 것을 고르세요. **| 내용 파악 |**

① 자니의 남편은 어부다.

② 자니 부부는 다섯 아이를 키우고 있다.

③ 시몬 부인은 두 아이를 남기고 죽었다.

④ 자니는 시몬 부인의 집에서 돈을 훔쳐 나왔다.

⑤ 자니의 남편은 시몬 부인의 아이들을 데려오자고 했다.

8 ⓛ에서 알 수 있는 것은 무엇인가요? **| 추론 |**

① 자니의 성격   ② 시간적 배경   ③ 공간적 배경

④ 자니의 과거   ⑤ 자니가 처한 상황

9 자니가 아이들을 데려온 것을 남편에게 선뜻 말하지 못한 까닭은 무엇인가요? **| 추론 |**

① 남편이 아이들을 싫어해서.

② 아이들을 경찰서에 데려가려고.

③ 다시 시몬 부인에게 데려다 놓으려고.

④ 시몬 부인이 죽었다는 사실을 알고 남편이 무척 슬퍼할까 봐.

⑤ 자기 식구도 먹고살기 힘든데 아이들을 데려와 남편이 더 고생할까 봐.

10 이 글을 통해 작가가 전하고자 하는 중심 생각은 무엇인가요? |주제|

① 검소한 삶의 자세.

② 자연에 대한 두려움.

③ 자식을 사랑하는 부모의 마음.

④ 소외된 이웃에 대한 관심과 사랑.

⑤ 가난한 사람들의 고통스러운 삶.

11 이 글에서 일어난 사건을 시간 순서대로 나열하세요. |줄거리|

① 폭풍우가 심해지자 자니는 마음이 초조해져 집을 나선다.

② 자니는 자신의 행동을 후회하며 남편에게 미안한 마음을 갖는다.

③ 폭풍우가 몰아치는 밤, 자니는 남편이 무사히 돌아오기를 기다린다.

④ 자니의 남편이 돌아오고, 남편은 엄마 잃은 두 아이를 데려오자고 한다.

⑤ 자니는 시몬의 아내가 죽은 것을 발견하고, 두 아이를 외투 속에 감춰 데려온다.

12 이 글을 읽고, 어울리지 <u>않는</u> 생각이나 느낌을 말한 사람은 누구인가요? |감상|

① 소정: 아이들을 걱정하며 쓸쓸하게 죽어 간 시몬 부인이 무척 불쌍해.

② 규한: 폭풍우에도 밖을 나선 걸 보면 자니는 비 맞는 걸 좋아하는 것 같아.

③ 정은: 자니의 남편을 보면서 우리를 위해 밤낮없이 일하시는 아버지가 떠올랐어.

④ 송현: 어려운 이웃을 돌아볼 줄 아는 자니 부부는 마음이 참 따뜻한 사람들이야.

⑤ 주혁: 가난하지만 감사하며 사는 자니를 보니, 행복은 물질이 아니라 마음에 있다는 생각이
들어.

이 글은 조선 시대에 쓰인 〈홍길동전〉이다. 지은이는 명확하지 않지만, 허균이 쓴 것으로 추정하고 있다. [가]는 요약, [나]는 원문(원래의 글), [다]는 요약, [라]는 원문 순으로 연결했다.

[가]

조선 세종 때, 홍씨 성을 쓰는 재상이 있었다. 대대로 이름난 집안에서 자랐으며, 어린 나이에 과거에 급제하여 이조 판서에까지 올랐다. 홍 판서는 두 아들을 두었는데, 맏아들은 부인 유 씨가 낳은 홍인형이고, 둘째는 몸종 춘섬이 낳은 홍길동이었다.

길동이 태어나기 전의 일이다. 하루는 홍 공이 낮잠을 자다가 꿈을 꾸었는데, ㉠ 하늘에서 천둥이 요란하게 치더니 청룡이 하늘에서 내려와 홍 공에게 달려들었다.

그 일이 있은 뒤로 몸종 춘섬이 임신을 하였다. 열 달 뒤, 춘섬은 ㉡ 기골이 뛰어난 아기를 낳았다.

길동은 어려서부터 무척 총명했다. 하지만 ㉢ 서자인 탓에, 아버지를 아버지라 부르지 못하고 형을 형이라 부르지 못했다.

[나]

"대장부가 세상에 태어나서 글공부를 못 할 바에야, 차라리 병법이라도 익혀 나라에 큰 공을 세우는 것이 장부 아니겠는가. 나는 아버지와 형이 있는데도, 아버지를 아버지라 부르지 못하고, 형을 형이라 부르지 못하니 심장이 터질 것 같다."

길동이 이런 말을 하며 뜰에 내려와 검술을 익혔다.

* 재상: 임금을 도와 일하던, 높은 벼슬아치.
* 이조 판서: 조선 시대에, 이조(문관을 뽑고 벼슬을 내리는 일 등을 관리했던 관청)의 최고 벼슬.
* 몸종: 옛날에, 잔심부름을 하던 여자 종.
* 공: 남자를 높여 이르는 말. 여기서는 홍길동의 아버지를 이른다.
* 기골: 기운과 체격.
* 병법: 병사를 지휘하여 전쟁하는 방법.

그때 마침 홍 공이 달빛을 구경하다가, 길동을 보고 불러 물었다.

"너는 무슨 일이 있어 밤이 깊도록 자지 않고 있느냐?"

"㉮ 소인은 마침 달빛을 즐기는 중입니다. 그런데 사람은 귀한 존재인데, 소인에게는 귀함이 없으니 어찌 사람이라 하겠습니까?"

홍 공은 그 말의 뜻을 짐작했지만 일부러 물었다.

"그게 무슨 말이냐?"

"소인이 평생 서러워하는 것은, 소인이 ㉯ 대감의 정기를 받아 당당한 남자로 태어났고, 낳아 길러 주신 부모님의 은혜가 있음에도, 아버지를 아버지라 부르지 못하고, 형을 형이라 부르지 못하는 일입니다. 소인을 어찌 사람이라 하겠습니까?"

길동은 눈물을 흘렸다. 홍 공이 그 말을 듣고 불쌍하다는 생각은 들었으나, 그 마음을 위로하면 건방져질까 염려하여 꾸짖어 말했다.

"재상 집안에서 ㉰ 천한 종의 몸에서 태어난 자식이 너뿐이 아닌데, 너는 어찌 이렇게 방자하냐? 앞으로 다시 이런 말을 하면 내 눈앞에 서지도 못하게 하겠다."

길동은 감히 한마디도 못 하고 엎드려 눈물을 흘릴 뿐이었다. 홍 공이 물러가라 하자, 길동은 방으로 돌아갔다. 길동은 밤이면 잠을 이루지 못하곤 했다.

하루는 길동이 어머니 방에 가서 울면서 말했다.

"어머니께서 ㉱ 소자를 낳아 주셨으니, 그 은혜가 큽니다. 하지만 소자의 팔자가 사나워 ㉲ 천한 몸이 되었으니 한이 깊습니다. 장부가 천대를 받으며 살 수 없어 어머니 곁을 떠나려 하니, 어머니께서는 소자를 염려하지 마시고 안녕히 계십시오."

[다]

그즈음 홍 공의 다른 첩인 초란은 춘섬을 질투하였다. 자신은 자식이 없지만 춘섬은 길동을 낳아 홍 공의 귀여움을 받았기 때문이었다.

초란은 홍 공의 사랑을 되찾기 위해 사람을 시켜 길동을 죽이려 하였다. 하지만 길동은 그것을 눈치채고, 방에서 몸을 보이지 않게 도술을 부려 자객을 없앴다.

* 소인: 신분이 낮은 사람이 자기보다 신분이 높은 사람에게 자기를 낮추어 이르던 말.

* 대감: 조선 시대에, 아주 높은 벼슬아치를 높여 부르던 말.

* 방자하냐: 어려워하거나 조심하지 않고, 무례하고 건방지냐.

* 천대: 하찮게 여기어 아주 형편없이 대하는 것.

* 자객: 남이 시켜서 사람을 몰래 죽이는 사람.

길동은 떠날 때가 된 것을 깨닫고 홍 공에게 인사를 하러 갔다. 홍 공은 길동이 눈물을 흘리며 인사하는 모습을 보고, ㉣ 아버지를 아버지라, 형을 형이라 부르도록 허락하며 머무르라고 했다. 하지만 길동은 홍 공과 어머니께 인사를 하고 길을 떠났다. 인형은 ㉤ 그동안의 일을 홍 공에게 말하였다. 홍 공은 분노하여 초란을 내쫓았다.

길동은 이곳저곳 떠돌다가, 어느 경치 좋은 곳에 이르렀다. 그곳의 돌문을 열고 안으로 들어서니 잔치를 즐기고 있는 사람들이 보였다. 그곳은 도둑의 소굴이었다. 그런데 도둑들은 길동의 비범한 능력을 눈치채고는 환영하였다. 길동은 사람들과 지내며 무예를 연습했다.

어느 날, 도둑들은 해인사라는 큰 절의 재물을 빼앗기로 하였다. 길동은 지혜를 발휘하여 쉽게 재물을 빼앗았다.

그 뒤로, 길동은 자신과 도둑들을 '활빈당'이라 이름 붙이고, 전국을 다니며 재물을 빼앗았다. 지방의 수령들이 부정하게 모은 재물을 빼앗아 가난한 사람들을 도와주었다. 길동은 재물을 훔치고는, 도술을 부려 순식간에 도망쳤다.

얼마 뒤, 길동은 짚으로 분신들을 만들어 탐관오리들의 재산을 빼앗았다. 임금은 이 소식을 듣고 포도대장 이흡에게 길동을 잡으라고 명령하였다. 하지만 길동이 소년으로 변하여 이흡 일당을 사로잡았다.

임금은 전국에 명령을 내려 길동을 잡으라고 했지만, 길동은 비웃듯이 탐관오리를 벌하고 다녔다. 결국, 임금은 길동의 아버지를 잡아서 꾸짖었다. 인형은 길동을 잡아 올 테니 아버지를 풀어달라고 간청했다. 임금은 그 말에 감동하여 인형에게 벼슬을 내려 길동을 잡아오라고 명령했다.

인형은 길동에게 자수하라는 글을 써 전국에 붙여 놓았다. 길동은 그 글을 읽고 인형 앞에 나타나 자수했다. 하지만 ㉥ 전국에서 잡힌 길동이 여덟 명이나 되었다. 임금과 신하들은 누가 진짜 길동인지 알 수가 없었다.

그때 홍 공은, 길동의 왼쪽 다리에 붉은 점이 있다는 사실을 알리고는 길동을 꾸짖으며 기절했다. 이에 여덟 길동은 눈물을 흘리면서 약을 꺼내어 홍 공의 입에 넣었다.

* 수령: 조선 시대에, 각 고을을 맡아 다스리던 벼슬아치.
* 분신: 한 몸에서 갈라져 나온 다른 몸.
* 포도대장: 조선 시대에, 포도청(범죄자를 잡거나 관리하는 일을 맡아보던 곳)의 가장 높은 벼슬아치. 좌우 포도청에 각 한 명씩 있었다.
* 탐관오리: 백성의 재물을 탐내어 빼앗는, 행동이 깨끗하지 못한 관리.

홍 공이 정신을 차리자 길동들은 허수아비 여덟 개로 변하여 쓰러졌다.

얼마 지나지 않아 길동은 인형 앞에 나타났다. 인형은 길동을 잡아 임금에게 보냈다. 하지만 궁궐 앞에 이르자 쇠사슬을 끊고 수레에서 벗어나 공중으로 올라가더니 구름에 묻혀 사라져 버렸다.

얼마 지나, 길동이 다시 임금을 찾아와 조선을 떠나겠다고 인사하고는 사라져 버렸다. 그러자 임금은 길동을 잡으라고 내렸던 명령을 모두 거두었다.

그러던 어느 날, 길동은 요괴를 해치우고 잡혀 있던 두 여자를 아내로 맞이했다.

하루는 길동이 밤하늘을 보고 아버지가 위중한 것을 알았다. 그래서 머리를 깎고 스님으로 변장하여 조선으로 향했다. 하지만 이미 숨이 끊어진 아버지를 보고 눈물을 흘렸다.

삼년상을 마치고 나자, 길동은 장수들을 모아 무예를 익히며 농업에 힘을 썼다.

남쪽에 율도국이라는 나라가 있었는데, 길동은 그곳을 '기름진 평야가 수천 리나 되어 실로 살기 좋은 나라'라고 생각하였다. 그래서 병사를 이끌고 공격하였다.

그곳을 지키는 장수는 길동의 상대가 되지 못했다. 전투가 끝나자 길동은 율도왕에게 항복하라는 편지를 보냈다. 율도왕도 길동의 능력을 알고 바로 항복하였다.

[라]

길동은 성에 들어가 백성을 달래어 안심시키고 왕위에 올랐다. 여러 장수에게 각각 벼슬을 내리니, 신하들이 만세를 불러 예를 차려 축하하였다. 길동이 나라를 다스리니, 삼 년 동안 무척 태평하였다.

"내가 조선 임금에게 표문을 올리려 하니, 잘 준비하시오."

길동이 백룡을 불러 당부했다. 백룡이 조선에 도착하여 조선 임금에게 표문을 올리니, 임금이 보고 크게 칭찬하였다.

"홍길동은 대단한 인재로다."

임금은 홍인형을 통해 유서를 내렸다. 인형이 임금의 은혜에 감사한 뒤 길동의 어머니에게 그 이야기를 전하니, 부인이 같이 가자고 하였다. 인형은 길동의 어머니를 모시고 며칠

* 요괴: 사람에게 해를 끼치는 나쁜 귀신.
* 위중한: 생명이 위태로울 정도로 심각한.
* 삼년상: 부모가 죽어 삼 년 동안 산소를 지키며 제사를 지내는 일.
* 태평하였다: 아무 근심 없이 편안하였다.
* 표문: 마음에 품은 생각을 적어서 임금에게 올리는 글.

을 달려 율도국에 도착했다.

길동은 유서를 받고 어머니와 인형을 맞이하였다. 함께 아버지의 산소를 다녀온 뒤 잔치를 크게 벌였다. 세월이 흘러 인형의 어머니 유 씨가 병에 걸려 죽자, 길동은 아버지 산소에 같이 묻었다. 인형이 길동에게 인사하고 조선에 돌아가자, 조선 임금이 위로하였다. 삼년상을 마치니, 길동의 어머니도 세상을 떠나, 다시 삼년상을 지냈다.

길동은 아들 셋과 딸 둘을 낳았다. 장자인 현을 세자로, 나머지는 모두 군으로 봉하였다.

나라를 다스린 지 삼십 년이 지나자 길동에게 갑자기 병이 들어 72세에 별세하였다. 왕비도 곧 죽고, 세자가 즉위하여 대대로 태평스럽게 살았다.

* 유서: 벼슬아치가 부임할 때 임금이 내리던 명령서.
* 봉하였다: 임금이 벼슬이나 지위를 내렸다.
* 군: 옛날에, 왕의 친척이나 신하에게 내리던 지위.
* 즉위하여: 임금의 자리에 올라.

1 ㉠의 의미를 찾으세요. |추론|

① 곧 큰 병이 걸릴 것이다.

② 곧 나쁜 일이 벌어질 것이다.

③ 곧 높은 벼슬에 오를 것이다.

④ 다음 날 날씨가 매우 나쁠 것이다.

⑤ 곧 재능이 뛰어난 자식을 낳을 것이다.

2 ㉡은 누구인가요? |내용 파악|

3 ㉢의 바른 뜻을 찾으세요. |어휘|

① 입양을 통해 자식이 된 아들.

② 정식 아내가 첫 번째로 낳은 아들.

③ 정식 아내가 두 번째로 낳은 아들.

④ 이혼한 남자가 두 번째로 결혼하여 얻은 아들.

⑤ 양반과 첩(정식 아내 외에 데리고 사는 여자. 보통 신분이 낮았다.) 사이에 태어난 아들.

4 이 글에서 알 수 있는 시대 상황이 <u>아닌</u> 것은 무엇인가요? |추론|

① 양반들은 모두 첩을 두었다.

② 첩이 낳은 자식은 벼슬을 하기 어려웠다.

③ 남자 한 명이 여자 여러 명과 살 수 있었다.

④ 첩의 자식은 아버지를 아버지라고 부르지 못했다.

⑤ 부모가 죽으면 3년 동안 부모의 무덤을 지켜야 했다.

5 ㉮ ~ ㉺ 가운데, 길동의 신분을 알 수 있는 말이 <u>아닌</u> 것을 찾으세요. |내용 파악|

① 소인   ② 대감

③ 천한 종의 몸에서 태어난 자식   ④ 소자

⑤ 천한 몸

6 ㉣을 나타내는 사자성어를 찾으세요. |어휘|

① 일거양득(一擧兩得)   ② 역지사지(易地思之)

③ 부자유친(父子有親)   ④ 호부호형(呼父呼兄)

⑤ 호형호제(呼兄呼弟)

7 이 글과 내용이 <u>다른</u> 것을 찾으세요. | 내용 파악 |

① 길동은 마침내 율도국의 왕이 되었다.

② 초란은 길동과 춘섬을 죽이려 하였다.

③ 홍 판서는 부인 한 명과 첩 두 명을 두고 살았다.

④ 길동은 분신들과 달리 왼쪽 다리에 붉은 점이 있었다.

⑤ 길동은 탐관오리의 재물을 빼앗아 가난한 사람들을 도왔다.

8 ㉤은 무슨 일인가요? | 내용 파악 |

① 길동이 집을 떠난 일.

② 초란이 춘섬을 질투한 일.

③ 초란이 길동을 죽이려 한 일.

④ 길동이 밤에 잠을 못 자며 고민했던 일.

⑤ 그동안 길동이 인형을 형이라 불렀던 일.

9 길동이 도둑을 모아 만든 무리의 이름은 무엇인가요? | 내용 파악 |

_____

10 ㉣의 까닭은 무엇인가요? | 내용 파악 |

① 길동과 비슷하게 생긴 사람들이 많았기 때문에.

② 길동의 분신들이 전국에서 재물을 빼앗았기 때문에.

③ 전국의 수령들이 거짓으로 길동을 잡아서 보냈기 때문에.

④ 길동의 부하 도둑들이 길동의 분장을 하고 다녔기 때문에.

⑤ 수령들이 길동의 얼굴을 몰라 아무나 잡아서 보냈기 때문에.

　　한 경찰관이 위엄 있고 당당한 태도로 뉴욕 거리를 순찰하고 있었다. 그건 결코 멋져 보이기 위한 행동이 아니었다. 왜냐하면 거리에는 사람들이 거의 없었기 때문이다. 아직 밤 10시도 안 되었지만, 바람이 차고 비까지 조금씩 뿌리고 있어 거리는 오가는 사람 없이 한적했다.

　　경찰관은 가게마다 문단속이 잘 되어 있는지 살피기도 하고, 경찰봉을 멋지게 휘둘러 보기도 하며 거리를 걸어갔다. 그러다가 가끔 돌아서서 조용하고 평화로운 거리를 유심히 돌아보았다. 이 건장한 경찰관은 멋진 평화의 수호자처럼 보였다.

　　이 지역에는 일찍 문을 닫는 가게가 많았다. 이따금 밤새도록 영업하는 식당의 불빛이 보이기는 했지만 대부분 문이 닫혀 있었다.

　　길목 중간쯤에 이르자 경찰관이 갑자기 걸음을 늦추었다. ㉮ 불이 꺼져 어두컴컴한 철물점 문 앞에 어떤 남자가 서 있었다. ㉠ 경찰관이 다가가자, 그 남자는 경찰관을 안심시키려는 듯 얼른 말을 걸었다.

　　"경찰관님, 저는 친구를 기다리고 있어요."

　　그 남자는 이야기를 이어갔다.

　　"저는 20년 전에 한 약속 때문에 이곳에 왔어요. 조금 이상하게 들릴지도 모르겠네요. 아무튼 제가 수상한 사람이 아니라는 걸 확인하고 싶으시다면 자세히 설명해 드리지요. 20년 전에는 여기에 '빅 조 브래디'라는 식당이 있었지요."

　　"아, 5년 전까지만 해도 있었어요."

　　경찰관은 잘 알고 있는 듯이 대답했다.

　　"그때 헐리고 말았지만."

　　철물점 문 앞에 서 있던 남자가 성냥으로 담배에 불을 붙였다. 그 순간, 성냥 불빛에 남자의 얼굴이 드러났다.

---

* 위엄: 존경하는 마음을 일으킬 만큼 엄숙한 태도나 분위기.
* 건장한: 몸집이 크고 튼튼한.
* 성냥: 작은 나뭇개비의 한쪽 끝에 불이 잘 붙는 물질을 바른 물건.

창백하고 각이 진 얼굴에 두 눈은 날카로웠으며, 오른쪽 눈썹 주변에 작고 하얀 흉터가 있었다. 그리고 ㉯ 큰 다이아몬드가 박힌 넥타이핀을 꽂고 있었는데 남의 물건처럼 왠지 어색해 보였다.

담배에 불을 붙인 후, 남자는 이야기를 이어갔다.

"20년 전 바로 오늘 밤에, 전 여기 있던 빅 조 브래디 식당에서 지미 웰스와 함께 저녁을 먹었지요. 지미는 저와 가장 친한 친구였고, 세상에 둘도 없이 착한 녀석이었어요. 우리는 뉴욕에서 친형제처럼 자랐어요. 그때 저는 열여덟이었고, 지미는 스무 살이었지요. 그 다음 날 아침, 저는 ㉰ 돈을 벌기 위해 서부로 떠나기로 되어 있었어요. 하지만 지미는 어떤 일이 있어도 뉴욕을 떠나려 하지 않았어요. 그 친구는 사람 살 곳은 뉴욕밖에 없다고 생각했었나 봐요. 그래서 우리는 그날 밤 약속을 했지요. 그날 그 시간으로부터 정확히 20년 후에 여기에서 다시 만나자고 말입니다. 우리의 처지가 어떻게 되어 있든, 또 아무리 먼 곳에서 살고 있어도 말이에요. 20년이 흐르면 각자 운명이 정해지고, 돈도 제법 모았을 거라고 생각했지요."

"참 재미있군요. 하지만 20년이면 결코 짧은 세월이 아닌데, 당신이 떠나고 나서 그 친구에게서 소식은 있었습니까?"

남자의 얘기를 묵묵히 듣고만 있던 경찰관이 물었다.

"물론이죠. ㉱ 한동안은 서로 편지를 주고받았어요. 하지만 한 해 두 해 흐르면서 서로 연락이 끊어졌어요. 경찰관님도 아시겠지만, 서부라는 곳이 좀 넓습니까? 더구나 저는 돈을 벌기 위해 무척 바쁘게 돌아다녔거든요. 어쨌든 지미가 아직 이 세상에 살아 있다면 나를 꼭 만나러 올 겁니다. 지미는 정직하고 성실한 데다가 의리 있는 친구였으니까 약속을 잊을 리가 없어요. ㉲ 저는 오늘 밤 이 문 앞에서 지미를 만나기 위해 먼 길을 달려왔어요. 하지만 옛 친구를 만날 수 있다면 이 정도는 큰 고생도 아니지요."

남자는 확신에 찬 목소리로 대답했다. 그러고는 주머니에서 뚜껑에 작은 다이아몬드가 여러 개 박힌, 멋지고 화려한 회중시계를 꺼냈다.

"10시 3분 전이군요. 우리가 빅 조 브래디 식당 문 앞에서 헤어졌을 때가 정각 10시였는데……."

그러자 경찰관이 물었다.

* 회중시계: 주머니에 넣고 다닐 수 있는 작은 시계.

"당신은 서부에서 성공했나 보군요?"

"물론이죠. 지미가 저의 반만이라도 돈을 벌었으면 좋겠네요. 그 친구는 사람은 좋은데 약삭빠르질 못해요. 저는 재산을 모으기 위해 서부에서 날고뛰는 녀석들과 경쟁해야만 했어요. 그런데 뉴욕에서만 살다 보면 자연히 틀에 박힌 생활밖에는 할 수 없지요. 하지만 서부에서 살아남으려면 모험을 해야 합니다. 사람이 똑똑해지기 위해선 역시 서부로 가야죠."

사나이는 의기양양하게 말했다. 경찰관은 경찰봉을 한 번 휘두르더니 걸음을 옮기면서 말했다.

"자, 저는 이만 가 봐야겠습니다. 친구분이 꼭 오면 좋겠네요. 그런데 언제까지 기다리실 겁니까?"

"적어도 30분은 기다려야지요. 지미가 살아 있다면 아마 그때까지는 나타날 겁니다. 그럼 안녕히 가세요."

"안녕히 계시오."

경찰관도 작별 인사를 하고는 다시 문단속이 잘 되어 있는지 가게를 살피면서 순찰을 계속했다.

차가운 이슬비가 내리기 시작하더니 바람까지 매섭게 불었다. 거리를 오가는 행인들이 외투 깃을 세우고 주머니에 손을 깊숙이 넣은 채 침울한 표정으로 발걸음을 재촉하고 있었다. 하지만 철물점 문 앞에는, 20년 전에 한 약속을 지키기 위해 천 마일이나 달려온 남자가 옛 친구를 기다리며 서 있었다.

ⓒ <u>약속 시간에서 20분쯤 지나자,</u> 긴 외투를 입은 키 큰 사나이가 맞은편에서 건너왔다. 그는 곧바로 기다리고 있던 남자에게 다가갔다.

"자네, 밥인가?"

"자네, 지미 웰스 아닌가!"

키 큰 사나이는 낯선 남자의 두 손을 꼭 잡으며 소리쳤다.

"틀림없이 밥이 맞군! 자네가 살아만 있다면 여기에서 만날 줄 알았네. 20년은 정말 긴 세월이었어. ⓒ <u>여기 있던 식당도 없어졌지 않나.</u> 그대로 남아 있었더라면 식당에서 저녁을 함께 먹으며 옛이야기를 할 수 있었을 텐데. 그건 그렇고, 그동안 서부에서는 어떻게 지냈나?"

---

* 마일: 거리를 나타내는 단위. 1마일은 약 1.6km.

"말도 말게. 그래도 내가 바라는 것은 다 이루었네. 지미, 자네 참 많이 변했네. 내가 생각했던 것보다 키가 더 큰 것도 같고."

"스무 살 이후로도 키가 좀 더 컸다네."

"그래? 뉴욕에서 잘 지내고 있었나?"

"나는 시청에서 일하고 있어. 자, 내가 잘 아는 곳으로 가서 이야기나 실컷 나누세."

두 사람은 팔짱을 끼고 나란히 거리를 걷기 시작했다. 남자는 성공했다는 자부심에 부풀어 자기가 지냈던 이야기를 늘어놓았다. 키 큰 사나이는 그 이야기를 흥미롭게 들으며 함께 걸었다.

길모퉁이에는 전등이 밝게 비치는 약국이 있었다. 그 밝은 불빛 아래를 지날 때, 두 사람은 고개를 돌려 서로의 얼굴을 바라보았다. 그 순간, 밥은 갑자기 발걸음을 멈추고는 흠칫 놀라 팔짱을 풀며 말했다.

"아니, 당신은 지미 웰스가 아니잖아! 당신은 누구요? 20년이 아무리 길다고 해도 ㉣ 매부리코를 ㉤ 들창코로 만들 수는 없지 않소!"

"그렇소. 20년이 아무리 길다고 해도 코의 모양이 바뀔 수는 없지. 그러나 착한 사람을 악인으로 변화시키기에 충분한 시간이지요."

키 큰 사나이는 말을 이었다.

"밥, 당신은 이미 10분 전부터 체포되었소. 시카고 경찰서에서 당신이 이쪽으로 올지도 모른다고 연락을 했더군. 당신과 꼭 이야기를 나누고 싶다고 말이야. 얌전히 가는 게 좋을 것이오. 참, 경찰서로 가기 전에, 여기 당신에게 전해 달라는 쪽지가 있으니 읽어 보시오."

밥은 쪽지를 받아 펼쳐 들었다. 쪽지를 다 읽어갈 즈음 ㉥ 남자의 손이 떨리기 시작했다. 쪽지에는 짤막한 글이 적혀 있었다.

밥, 나는 자네와 한 약속을 지켰네. 하지만 자네가 담배에 불을 붙이려고 성냥불을 켰을 때 자네가 수배 중인 범인이라는 것을 알았네. 하지만 차마 내 손으로 자네를 체포할 수가 없어서 ㉑ 다른 경찰관에게 부탁했네.

— 지미가

(오 헨리)

* 수배: 범인을 잡기 위해 경찰이 찾아다니며 조사하는 것.

1 이 글에 나오는 장소와 시대의 환경으로 바르지 <u>않은</u> 것을 찾으세요. | 배경 |

① 경찰이 범인을 봐주기도 했다.

② 불을 붙이는 데에 성냥을 사용했다.

③ 회중시계를 가지고 다니기도 했다.

④ 경찰이 거리에 있는 가게들의 문단속을 확인하고 다녔다.

⑤ 가로등이 많지 않아 밤거리에서 사람 얼굴을 확인하기 어려웠다.

2 지미의 직업은 무엇인가요? | 내용 파악 |

3 ㉮ ~ ㉺ 중에서 밥의 정체를 암시(간접적으로 나타냄)하는 문장을 찾으세요. | 추론 |

① ㉮ 불이 꺼져 어두컴컴한 철물점 문 앞에 어떤 남자가 서 있었다.

② ㉯ 큰 다이아몬드가 박힌 넥타이핀을 꽂고 있었는데 남의 물건처럼 왠지 어색해 보였다.

③ ㉰ 돈을 벌기 위해 서부로 떠나기로 되어 있었어요.

④ ㉱ 한동안은 서로 편지를 주고받았어요.

⑤ ㉲ 저는 오늘 밤 이 문 앞에서 지미를 만나기 위해 먼 길을 달려왔어요.

4 이 글의 결말과 관련하여 볼 때 ㉠과 가장 잘 어울리는 속담은 무엇인가요? | 어휘 |

① 방귀 뀐 놈이 성낸다

② 도둑이 제 발 저리다

③ 가는 말이 고와야 오는 말이 곱다

④ 목구멍이 포도청(옛날에, 범죄자를 잡고 죄를 묻던 관청)

⑤ 똥 묻은 개가 겨(곡식을 찧어 벗겨낸 껍질) 묻은 개 나무란다

5 ⓒ은 언제인가요? | 내용 파악 |

① 오전 10시 20분쯤.　　　　　② 오후 2시 20분쯤.

③ 오후 7시 20분쯤.　　　　　④ 오후 10시 20분쯤.

⑤ 오후 11시 20분쯤.

6 지미와 밥이 만나기로 한 곳입니다. ⓒ의 이름을 쓰세요. | 내용 파악 |

식당
_____

7 이 글의 내용과 같은 것을 찾으세요. | 내용 파악 |

① 키 큰 남자는 지미를 체포했다.

② 지미와 밥은 서로 연락하지 않았다.

③ 지미는 돈을 벌기 위해 서부로 떠났다.

④ 지미와 밥은 모두 20년 전의 약속을 지켰다.

⑤ 경찰관은 처음부터 밥을 잡기 위해 철물점 앞에 숨어서 기다리고 있었다.

8 그림에서 ⓡ '매부리코'와 ⓜ '들창코'를 찾아 괄호 안에 쓰세요. | 어휘 |

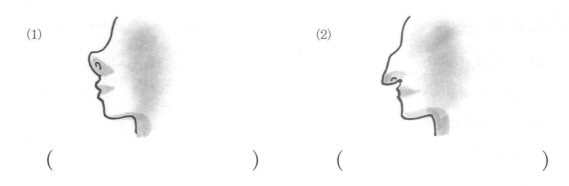

(1)　　　　　　　　　　　　　　(2)

(　　　　　　　　　)　(　　　　　　　　　)

9 이 글을 통해 답을 찾을 수 <u>없는</u> 질문을 고르세요. | 내용 파악 |

① 밥은 무슨 죄를 지었는가?

② 키 큰 사나이의 직업은 무엇인가?

③ 두 사람은 얼마 만에 다시 만났는가?

④ 밥은 철물점 앞에서 누구를 기다렸는가?

⑤ 두 사람이 만나기로 한 식당이 있던 자리에 어떤 가게가 생겼는가?

10 ㉡에서, 밥의 마음을 가장 알맞게 생각한 사람은 누구인가요? | 추론 |

① 정민: 친구에게 쪽지를 받아서 무척 반가웠을 것 같아.

② 유진: 나 같아도 친구가 약속을 지키지 않으면 화가 날 것 같아.

③ 지수: 비바람이 치는 곳에서 친구를 오래 기다려서 무척 추웠을 거야.

④ 승재: 조금 전에 만났던 경찰이 지미였다는 것을 알고 당황스러웠을 것 같아.

⑤ 아름: 잘 도망 다니다가 약속을 지키러 와서 잡힌 걸 분하게 생각하는 것 같아.

11 다음 내용에 알맞은 인물을 찾아 번호를 쓰세요. | 인물 |

① 뉴욕에 남아 친구를 20년 동안 기다렸다.

② 약속 장소에 먼저 도착하여 친구를 기다렸다.

③ 친구를 알아보았지만 아는 척을 할 수 없었다.

④ 친구와 한 약속을 지키기 위해 먼 길을 달려왔다.

⑤ 친구로서의 정에 얽매이지 않고 자신의 의무를 다했다.

⑥ 날카로운 눈매에, 오른쪽 눈썹 주변에 작은 흉터가 있다.

지미	
밥	

12 ⓐ은 누구인가요? 이 글에 쓰인 표현 그대로 쓰세요. ┃내용 파악┃

_____

13 이 글을 가장 잘 읽은 사람은 누구인가요? ┃감상┃

① 경은: 밥을 도와주기는커녕 체포하다니 지미는 친구도 아니야.

② 현규: 어려운 상황에서도 서부에서 큰돈을 벌어 온 밥이 대견해.

③ 윤진: 자신이 할 일을 다른 사람에게 미루다니 지미가 게으르다고 생각해.

④ 성범: 자신이 직접 체포하지 못하는 걸 보니 지미는 밥을 무서워하는 것 같아.

⑤ 연희: 오랜만에 만난 친구를 체포해야 하나 말아야 하나, 지미가 무척 고민했을 것 같아.

14 이 글은 시간 순서대로 쓰이지 않았습니다. 다음 사건들을 시간 순서대로 다시 나열하세요. ┃구조┃

> ① 밥이 체포되었다.

> ② 밥이 서부에서 죄를 저질렀다.

> ③ 밥과 지미는 뉴욕에서 형제처럼 친하게 자랐다.

> ④ 밥은 돈을 벌기 위해 서부로 떠났다.

> ⑤ 밥과 지미가 20년 만에 다시 만났다.

> ⑥ 밥이 철물점에서 친구를 기다리고 있었다.

③ → ☐ → ☐ → ☐ → ☐ → ☐

그날 아침, 나는 등교 시간에 꽤 늦었다. 그래서 선생님께 꾸중을 들을 것 같아 크게 걱정했다. 또 아멜 선생님은 오늘 분사법을 질문하겠다고 하셨는데 나는 전혀 대답할 준비가 안 되어 있었다. 거기까지 생각이 미친 순간, '수업을 빼먹고 들판으로 놀러나 갈까?' 하는 생각까지 들었다.

날씨는 아주 따뜻하고 맑았다. 숲에서는 티티새 노랫소리가, 제재소 뒤편에서는 프로이센 병사들이 ㉮훈련하는 소리가 들려왔다. 이런 것들은 학교에서 배우는 분사법보다 훨씬 내 마음을 끌었다. 하지만 나는 그 유혹들을 뿌리치고 학교로 달렸다.

㉠면사무소 게시판 앞에 사람들이 모여 있었다. 거기에는 벌써 2년째 ㉯패전이니, 징발이니, ㉰사령부의 명령 같은 기분 나쁜 소식들이 붙어 있었다.

'또 무슨 일이 생겼나?'

㉱면사무소 앞 광장을 지나치는데, 거기서 게시판을 읽고 있던 대장장이 와슈테르 아저씨께서 내게 소리치셨다.

"얘야, 그렇게 서두르지 않아도 돼. 오늘은 학교에 지각할 염려가 없으니까."

아저씨가 나를 놀린다고 생각했다. 그래서 계속 달려 학교에 갔다.

그런데 학교가 너무 조용했다. 보통 이 시간쯤이면 책상 뚜껑을 여닫는 소리, 책을 외우는 소리, 그리고 탁자를 두드리며 아이들에게 조용히 하라고 외치는 아멜 선생님의 목소리가 큰길까지 들릴 만큼 시끄럽다. 나는 그런 ㉲소란을 틈타 조용히 자리에 앉을 생각이었다. 그런데 그날은 일요일 아침처럼 조용하기만 했다.

열린 창으로 조용히 자리에 앉아 있는 친구들이 보였다. 아멜 선생님은 무서운 쇠자를 팔

* 분사법: 유럽 언어에서, 움직임을 나타내는 말의 모양을 바꾸어 시간이나 쓰임을 다르게 하는 문법.

* 제재소: 베어 낸 나무로 각목 판자 따위를 만드는 곳.

* 프로이센: 1701년부터 1918년 사이 독일 북동부에 있던 왕국.

* 패전: 전쟁에서 짐.

* 징발: 국가에서 특별한 일에 필요한 사람이나 물건을 강제로 모으는 일.

* 사령부: 군부대를 지휘하고 관리하는 본부.

에 낀 채 아이들 사이를 돌아다니고 계셨다. 나는 문을 열고 그 고요한 교실로 들어가야만 했다. 너무 창피하고 두려웠지만 어쩔 수 없었다.

그런데 아멜 선생님은 화를 내지 않고 나에게 부드러운 목소리로 말씀하셨다.

"얼른 네 자리로 가거라, 프란츠. 너 없이 수업을 시작할 뻔했구나."

나는 얼른 자리에 앉았다. 부끄러움이 사라지니 평소와 다른 풍경이 눈에 들어왔다. 선생님께서 ⓛ 초록색 예복을 입고, 가슴에는 가늘게 주름 잡힌 장식을 달고, 멋지게 수놓은 까만 모자를 쓰고 계신 것을 알았다. 그 옷은 장학관이 오거나, 시상식 같은 자리가 아니면 입지 않으셨다.

그뿐 아니라 교실 전체에 엄숙한 기운이 감돌았다. 더욱 놀라운 건 교실 뒷자리에 마을 어른들이 조용히 앉아 있는 것이었다. 삼각 모자를 손에 든 오제르 영감님, 예전 면장님, 집배원 아저씨 등 많은 분이 계셨다. 그런데 사람들이 모두 슬픈 표정을 짓고 있었다.

오제르 영감님은 가장자리가 낡은 문법책을 무릎 위에 펴 놓고 커다란 안경을 그 위에 올려 두셨다. 이런 낯선 모습들을 보고 어리둥절해 있는 사이에 아멜 선생님은 교단에 올라 부드럽고 낮은 목소리로 말씀하셨다.

"여러분, 오늘 이 시간은 내가 여러분에게 프랑스어를 가르치는 마지막 수업 시간입니다. ⓒ 이제 알자스와 로렌 지방의 학교에서는 독일어만 가르치라는 명령이 내려왔습니다. 내일 독일어 선생님이 새로 오실 겁니다. 마지막 프랑스어 수업이니 부디 정신 차리고 잘 들어 주세요."

선생님의 말씀에 정신이 아찔했다.

'아, 이것이 바로 면사무소 앞 게시판에 붙은 내용이구나.'

마지막 프랑스어 수업!

나는 아직 글씨도 제대로 쓸 줄 모른다. 그런데 더 이상 배울 수가 없다니…….

그제야 나는 그동안 시간을 헛되이 보낸 것, 수업을 빼먹고 새를 잡으러 다닌 일, 자르강으로 스케이트를 타러 다녔던 일 들을 후회하였다. 조금 전까지만 해도 그렇게 지겹고 재미없던 문법책과 역사책도 이젠 헤어지기 싫은 친구처럼 느껴졌다. 아멜 선생님도 마찬가지였다. 다시는 선생님을 못 만날 것이라는 생각이 들자, 선생님께 혼났던 일, 쇠자 막대기로 맞았던 일도 모두 잊어버렸다.

* 예복: 중요한 의식을 치르거나 특별히 예절을 갖출 때에 입는 옷.
* 장학관: 교육과 관련하여 심사, 지도, 감독, 평가 등을 하는 공무원.

불쌍한 선생님!

선생님은 마지막 수업을 위해 예의를 갖추어 옷을 입고 오신 것이었다. 그제야 나는 마을 사람들이 교실 뒷자리에 와 있는 까닭을 알았다. 좀 더 자주 이 학교에 와 보지 못한 것을 후회한다는 의미였다. 또 40년 동안 프랑스어를 가르치신 선생님에 대한 감사의 표시이며, 사라져 가는 조국 프랑스에 대한 애정이기도 했다.

내가 이런 생각에 잠겨 있을 때, 선생님은 내 이름을 부르셨다. 내가 암송할 차례가 된 것이다. 어려운 분사 규칙을 하나도 틀리지 않고 큰 소리로 끝까지 외울 수 있다면 얼마나 행복할까?

그러나 역시 나는 첫마디부터 더듬거렸다. 나는 자리에 선 채로 몸을 배배 꼬며 고개를 숙이고 있었다. 아멜 선생님께서 나에게 말씀하셨다.

"프란츠, 너를 혼내지는 않겠다. 이미 충분히 벌을 받았을 테니까. 우리는 보통 '뭐, 시간은 많으니까 공부는 내일 하지' 하고 미루길 좋아한다. 하지만 그 결과는 비참하지. 늘 교육을 내일로 내일로 미루다가 결국 우리 알자스는 이 꼴이 된 거야. 이제 ㉣ 저 사람들은 우리에게 이렇게 말할 게 분명해. '뭐야! 너희는 프랑스 사람이라고 하더니 자기 말도 제대로 읽고 쓰지도 못한단 말이야!' 그래도 프란츠, 죄가 너에게만 있는 건 아니야. 우리 모두 잘못한 게 많아. 너희 부모님들은 너희들에게 공부의 중요성을 강조하지 않았어. 돈을 벌기 위해 너희를 들로, 실 만드는 공장으로 보냈지. 나에게도 잘못이 있단다. 가끔 수업 시간에 너희에게 정원에 물을 주라고도 시켰고, 너희가 낚시를 가고 싶다고 하면 쉽게 허락해 주었으니 말이다. 미안하구나."

아멜 선생님은 우리에게 프랑스어에 대한 여러 이야기를 들려주셨다. 선생님은, 프랑스어가 세계에서 가장 아름답고 정확하며 훌륭한 언어라고 강조하셨다. 우리는 이 프랑스어를 끝까지 지켜서 결코 잊어서는 안 된다고도 하셨다. 왜냐하면 나라를 빼앗기더라도 그 국민이 언어를 잊지 않고 있으면 언젠가는 나라를 되찾고 자유롭게 살 수 있기 때문이라고 말씀하셨다.

선생님은 문법책을 들고 우리가 배울 부분을 읽어 내려가셨다. 놀랍게도 나는 선생님의 말씀을 이해할 수 있었다. 이전에는 그날처럼 열심히 선생님 가르침에 귀를 기울인 적이 없었다. 선생님 역시 이처럼 정성을 다해 설명하신 적도 없었을 것이다. 아멜 선생님은 마치 학교를 떠나시기 전에 그분이 가지고 있는 모든 지식을 우리에게 전해 주려는 것 같았다.

* 암송: 글을 보지 않고 소리 내어 내용을 외우는 것.

문법 시간이 끝나고 글쓰기 시간이 되었다. 아멜 선생님은 새 교과서를 준비해 오셨다. 거기에는 예쁘고 동글동글한 글자로 '프랑스, 알자스'라고 쓰여 있었다. 우리가 얼마나 열심히 배우고, 또 얼마나 조용했는지 종이 위를 지나다니는 펜 소리 밖에는 어떤 소리도 들리지 않았다. 풍뎅이가 교실로 날아 들어왔지만 쳐다보는 사람은 아무도 없었다. 어린아이들까지도 글씨를 쓰는 데에 온 정신을 쏟았다. 마침 학교 지붕 위에서 비둘기들이 울고 있었다. 나는 그 소리를 들으며 생각했다.

'그 사람들은 비둘기에게도 독일어로 노래하라고 명령할까?'

가끔 고개를 들어 선생님을 보았다. 선생님은 꼼짝 않고 교단에 서서 교실 안의 물건들을 하나하나 자세히 바라보셨다. 생각해 보면, 선생님은 40년 동안 교실과 운동장이 보이는 저 자리를 지키고 계셨다. 그동안 책상과 의자가 닳아서 번들거려졌고, 학교 정원에 심은 호두나무들은 훌쩍 키가 컸고, 선생님이 손수 가꾸신 담쟁이덩굴이 지붕을 덮을 만큼 자라서 창가를 장식하고 있다는 것이 변했을 뿐이었다. 이 모든 것과 작별해야 한다는 사실이 선생님의 마음을 아프게 할 것이다. 그리고 위층에서 짐을 싸려고 왔다갔다 하는 동생 발소리를 듣는 것도 얼마나 괴로울까.

내일이면 선생님은 이곳을 떠나야 한다. 그리고 언제 다시 올 수 있을지는 누구도 모른다. 그럼에도 불구하고 선생님은 고통을 견디며 끝까지 수업을 계속하셨다.

글쓰기 다음은 역사 시간이었다. 그다음 시간이 되어 어린아이들이 '바, 베, 비, 보, 부' 발음 연습을 했다. 교실 뒤쪽을 보니 오제르 영감님도 안경을 쓰고 두 손으로는 책을 들고 어린아이들과 함께 한 자 한 자 더듬거리며 읽고 계셨다. 오제르 영감님의 목소리는 떨리고 있었다. 영감님의 목소리를 듣고 있자니 너무나 우스워서 우리는 모두 ⓜ 웃음이 터져 나올 것도, 반대로 울음이 나올 것도 같았다.

아, 나는 이 마지막 수업을 영원히 잊지 못할 것이다.

그때 성당에서 종소리가 들려왔다. 성당의 큰 시계는 낮 12시를 알려 주었다. 그와 동시에, 훈련에서 돌아오는 프로이센 병사들의 나팔 소리가 창 아래에서 요란하게 들려왔다. 아멜 선생님은 차분하고 단호한 표정으로 벌떡 일어서셨다. ⓗ 이때까지 선생님 키가 그날처럼 커 보인 적이 없었다.

"여러분."

선생님께서 말씀하셨다.

* 단호한: 결심이나 태도가 흔들리지 않고 분명한.

"여러분, 나는, 나는…… 나는……."

하지만 선생님은 목이 메어 말을 잇지 못하셨다. 그리고 칠판 쪽으로 돌아서서 분필을 집어 들고는 온 힘을 다해 최대한 크게 썼다.

"프랑스 만세!"

선생님은 칠판에 머리를 기댄 채 움직이지 않고 서 계셨다. 그리고 손짓하며 말했다.

"ⓐ 이제 수업은 끝났다. 모두 돌아가거라."

(알퐁스 도데)

1 이 글에 나오는 '나'의 이름을 쓰세요. | 내용 파악 |

_____

2 ㉮ ~ ㉺ 가운데에서, '나'가 사는 나라의 상황을 알 수 있는 낱말을 찾으세요. | 추론 |

① 훈련   ② 패전   ③ 사령부

④ 면사무소   ⑤ 소란

3 ㉠에는 어떤 내용이 쓰여 있었을까요? | 추론 |

① 프랑스가 전쟁에서 이겼다.

② 오늘은 학교가 쉬는 날이다.

③ 프로이센이 전쟁에서 이겼다.

④ 내일부터 학교가 문을 닫게 되었다.

⑤ 내일부터 프랑스어 수업을 못 하게 되었다.

4 아멜 선생님이 옷을 ⓒ처럼 입고 있는 까닭을 찾으세요. | 내용 파악 |

① 중요한 곳에 초대를 받아서.

② 마지막 프랑스어 수업 날이어서.

③ 나라에서 주는 상을 받는 날이어서.

④ 학교에 마을 사람들이 오는 날이어서.

⑤ 학교에서 학생들에게 상을 주는 날이어서.

5 다음은 일제강점기에 일본이 우리나라 국민에게 저지른 일입니다. ⓒ과 가장 관계 깊은 내용을 찾으세요. | 적용 |

① 토지, 산림 수탈: 토지 조사 사업을 진행하여, 농민들의 땅을 빼앗고, 마을이나 왕실의 땅은 일본인들에게 싸게 팔았다.

② 언론, 집회, 출판, 결사의 자유 박탈: 신문지법, 출판법, 보안법 등을 만들어 신문, 책 등을 만들지 못하게 하고, 한국인이 만든 단체를 해체하였다.

③ 창씨개명: 내선일체(일본과 조선이 완전히 하나가 되는 것)를 내세워, 조선 국민의 성을 일본 식으로 만들고, 이름도 일본식으로 바꾸게 했다.

④ 일본어 강요: 한국어 사용을 억압하고 일본어를 모국어(자기 나라의 말)로 쓰라고 강요하였다. 학교 교육에서 한국어를 없애고 일본어만 가르치게 하였다.

⑤ 산미증식: 당시 일본 내의 식량이 부족하였다. 그래서 조선의 쌀과 곡식 생산량을 늘려 일본으로 빼돌렸다. 그래서 한반도는 식량 부족 문제가 더욱 심각해졌다.

6 마을 사람들이 교실에 와 있던 까닭이 <u>아닌</u> 것을 찾으세요. | 내용 파악 |

① 마지막 프랑스어 수업을 들으려고.

② 사라져 가는 프랑스에 대한 애정으로.

③ 없어지는 학교를 마지막으로 보고 싶어서.

④ 학교에 자주 와 보지 못한 것을 후회해서.

⑤ 40년 동안 프랑스어를 가르친 아멜 선생님에 대한 감사를 나타내려고.

7 ㉣은 누구일까요? | 추론 |

① 학교 선생님들.

② 프로이센의 병사들.

③ 학생들의 부모님들.

④ 교실에 함께 앉아 있는 친구들.

⑤ 교실 뒷자리에 와 있는 마을 사람들.

8 ㉤의 마음을 가장 잘 나타낸 것을 찾으세요. | 추론 |

① 웃기지 않는데도 억지로 웃으려니 너무 슬펐다.

② 할아버지의 목소리가 너무 웃겨서 눈물이 날 정도였다.

③ 할아버지의 목소리는 웃기지만 그 상황은 너무 슬펐다.

④ 어린아이들의 목소리는 웃기지만 할아버지의 목소리는 슬펐다.

⑤ 어린아이들과 할아버지의 목소리가 너무 웃겨서 눈물이 날 정도였다.

9 ㉥에는 '나'가 선생님을 생각하는 마음이 담겨 있습니다. 어떤 마음일까요? | 추론 |

① 존경의 마음   ② 부끄러운 마음   ③ 부러운 마음

④ 질투의 마음   ⑤ 증오의 마음

10 '나'가 더 이상 프랑스어 수업을 받지 못하는 까닭은 무엇인가요? | 내용 파악 |

① '나'가 학교를 졸업하게 되어서.

② 선생님이 독일어를 가르쳐야 하기 때문에.

③ 프로이센군이 학교를 없애려고 하기 때문에.

④ 프로이센군이 프랑스어를 가르치지 말라고 명령해서.

⑤ 프랑스 사람들이 앞으로는 독일어를 사용하기로 하여서.

11 ⓐ을 연극으로 나타낼 때 어떻게 읽어야 할까요? 가장 어울리는 것을 고르세요. |추론|

① 꾸짖듯이　　　　　　② 후련한 듯이　　　　　　③ 밝은 목소리로

④ 당당한 목소리로　　　⑤ 힘없는 목소리로

12 이 글을 가장 잘 읽은 사람은 누구인가요? |감상|

① 정희: 노는 것만 좋아하던 아이가 공부를 즐기게 되어서 기뻐.

② 민우: 전쟁 때문에 학교를 다니지 못하게 된 아이들이 불쌍해.

③ 다훈: 프로이센을 물리치고 싶어 하는 선생님의 의지가 느껴졌어.

④ 슬기: 자신들의 마을이 다른 나라에 넘어가고 쓰던 언어도 못 쓰게 된 상황이 무척 슬퍼.

⑤ 은주: 어린아이의 눈으로 본 세상은 맑고 밝아. 세상은 어린이의 순수한 눈으로 보아야 해.

13 다음 글을 읽고 지도에서 알자스를 찾으세요. |배경지식|

> 프랑스와 독일의 경계에 있는 알자스 지방은, 석탄이 많이 매장되어 있고 온난한 기후로 작물이 잘 자라는 지역이다. 그래서 프랑스와 독일은 이곳을 차지하기 위해 오랜 시간 싸웠다.

이 글은 황순원이 쓴 〈소나기〉다.

[가]는 글 앞부분의 요약이고, [나]는 그 뒷부분의 원문이다.

[가]

　서당골 윤 초시네 손자가 서울에서 사업을 하다가 망해 가족을 데리고 시골로 돌아왔다. 그 ⊙ <u>손자의 딸</u>은 서울에서 자라, 들꽃이나 개울물 같은 것을 가까이서 볼 기회가 없었다. 그래서 소녀는 며칠째 수업을 마치고 집에 가는 길에 개울 징검다리 한가운데에 앉아 물장난을 하고 있었다. 세수도 하고, 물고기를 잡으려는 듯 물을 움켜쥐기도 했다.

　옆 마을에는 소녀 또래의 소년이 살고 있었다. 학교를 마치고 집에 가자면 소년은 소녀가 앉아서 노는 징검다리를 건너야 했다. 하지만 숫기가 없어, 소녀의 모습을 지켜보기만 할 뿐 비켜달라는 말은 못 했다.

　그 모습을 보던 소녀는, 물속에서 하얀 조약돌을 하나 주워 소년에게 던지며 '바보'라고 하고는 갈대밭에 들어가 갈꽃을 꺾으며 놀았다. ⓒ <u>소년은 그 모습을 한참 지켜보다가 소녀가 던진 하얀 조약돌을 주워 주머니에 넣었다.</u>

　그런데 이상하게 그다음 날부터 소녀가 보이지 않았다. 그때부터 ⓒ <u>소년에게는 주머니 속 조약돌을 주무르는 버릇이 생겼다.</u>

　그러던 어느 날, 소년은 소녀가 늘 앉아 있던 징검다리 한가운데에 앉아 소녀를 따라 해 보았다. 그러다 문득 물속에 비친 얼굴을 보았다. 자신의 검게 탄 얼굴이 싫었다. 잠시 뒤, 소녀가 다가오는 모습에 놀라 도망쳤다.

　토요일이었다. 며칠 보이지 않던 소녀가 개울가에 앉아 물장난을 하고 있었다. 소년은 모르는 체 지나려는데 소녀가 말을 걸었다. 저 멀리 산 너머에 가 보자는 것이었다. 너무 멀어 고민이 되었지만, 소년은 '바보' 소리를 들을까 봐 가 보기로 했다.

---

* 초시: 예전에, 한문을 좀 아는 유식한 양반을 높여 이르던 말.

* 숫기: 활발하여 부끄러워하지 않는 성질.

* 갈꽃: 갈대꽃.

소년과 소녀는 산으로 향하면서 허수아비, 원두막, 참외, 무 등을 보며 이야기를 나누었다. 예쁜 꽃을 꺾으며 도란도란 얘기를 하다 보니 어느덧 산이 가까워졌다.

그러던 중, 소녀가 칡꽃을 따려다 미끄러져 무릎에 상처가 생겼다. 소년은 얼른 상처에 입술을 대고 피를 빨아 주었다. 또 소년은 송진을 가져와 상처에 바르라고 전해 주고는, 소녀에게 칡꽃을 꺾어 주었다.

소년은 송진을 가지고 오는 길에 송아지를 보았다. ㉣ 소년은 소녀를 송아지 있는 곳으로 데리고 가 자신이 송아지 타는 모습을 보여 주었다. 잠시 뒤, 송아지 주인인 농부가 나타나 곧 소나기가 내릴 거라고 말했다.

[나]

"어서들 집으로 가거라. 소나기가 올라."

참, 먹장구름 한 장이 머리 위에 와 있다. 갑자기 사면이 소란스러워진 것 같다. 바람이 우수수 소리를 내며 지나간다. 삽시간에 주위가 보랏빛으로 변했다.

산을 내려오는데, 떡갈나무 잎에서 빗방울 듣는 소리가 난다. 굵은 빗방울이었다. 목덜미가 선뜩선뜩했다. 그러자 대번에 눈앞을 가로막는 빗줄기.

비안개 속에 원두막이 보였다. 그리로 가 비를 그을 수밖에.

그러나 원두막은 기둥이 기울고 지붕도 갈래갈래 찢어져 있었다. 그런대로 비가 덜 새는 곳을 가려 소녀를 들어서게 했다.

소녀의 입술이 파아랗게 질렸다. 어깨를 자꾸 떨었다.

무명 겹저고리를 벗어 소녀의 어깨를 싸 주었다. 소녀는 비에 젖은 눈을 들어 한 번 쳐다보았을 뿐, 소년이 하는 대로 잠자코 있었다. 그러고는 안고 온 꽃묶음 속에서 가지가 꺾이고 꽃이 일그러진 송이를 골라 발밑에 버린다.

소녀가 들어선 곳도 비가 새기 시작했다. 더 거기서 비를 그을 수 없었다.

* 송진: 소나무 진(풀이나 나무에서 나오는 끈끈한 물질).
* 먹장구름: 먹 색깔처럼 시꺼먼 구름.
* 사면: 앞뒤 좌우, 모든 곳.
* 삽시간: 매우 짧은 시간.
* 듣는: 눈물, 빗물 같은 액체가 방울져 떨어지는.
* 선뜩선뜩했다: 서늘한 느낌이 들었다.
* 그을: 잠시 비를 피하여 그치기를 기다릴.
* 무명 겹저고리: 솜에서 뽑아낸 실로 천을 만들어, 겉과 안을 맞추어 지은 저고리.

밖을 내다보던 소년이 무엇을 생각했는지 수수밭 쪽으로 달려간다. 세워 놓은 수숫단 속을 비집어 본다. 그러고는 이쪽을 향해 손짓을 한다.

수숫단 속은 비는 안 새었다. 그저 어둡고 좁은 게 안 됐다. 앞에 나앉은 소년은 그냥 비를 맞아야만 했다. 그런 소년의 어깨에서 김이 올랐다.

ⓛ 소녀가 속삭이듯이, 이리 들어와 앉으라고 했다. 괜찮다고 했다. 소녀가 다시, 들어와 앉으라고 했다. 할 수 없이 뒷걸음질을 쳤다. 그 바람에, 소녀가 안고 있는 꽃묶음이 망그러졌다. 그러나 소녀는 상관없다고 생각했다. 비에 젖은 소년의 몸 내음새가 확 코에 끼얹어졌다. 그러나 고개를 돌리지 않았다. 도리어 소년의 몸기운으로 해서 떨리던 몸이 적이 누그러지는 느낌이었다.

소란하던 수숫잎 소리가 뚝 그쳤다. 밖이 멀게졌다.

수숫단 속을 벗어 나왔다. 멀지 않은 앞쪽에 햇빛이 눈부시게 내리붓고 있었다. 도랑 있는 곳까지 와 보니, 엄청나게 물이 불어 있었다. 빛마저 제법 붉은 흙탕물이었다. 뛰어 건널 수가 없었다.

소년이 등을 돌려 댔다. 소녀가 순순히 업히었다. 걷어올린 소년의 잠방이까지 물이 올라왔다. 소녀는 "어머나" 소리를 지르며 소년의 목을 끌어안았다.

개울가에 다다르기 전에, 가을 하늘은 언제 그랬는가 싶게 구름 한 점 없이 쪽빛으로 개어 있었다.

ⓑ 그 뒤로는 소녀의 모습이 뵈지 않았다. 매일같이 개울가로 달려와 봐도 뵈지 않았다.

학교에서 쉬는 시간에 운동장을 살피기도 했다. 남몰래 5학년 여자 반을 엿보기도 했다. 그러나 뵈지 않았다.

그날도 소년은 주머니 속 흰 조약돌만 만지작거리며 개울가로 나왔다. 그랬더니, 이쪽 개울둑에 소녀가 앉아 있는 게 아닌가.

소년은 가슴부터 두근거렸다.

"그동안 앓았다."

어쩐지 소녀의 얼굴이 해쓱해져 있었다.

* 내음새: '냄새'의 경상도, 전라도 방언.
* 적이: 어지간한 정도로.
* 잠방이: 가랑이가 무릎까지 내려오도록 짧게 만든 바지.
* 쪽빛: 짙은 푸른빛.
* 해쓱해져: 얼굴에 핏기나 생기가 없어져.

"그날, 소나기 맞은 탓 아냐?"

소녀가 가만히 고개를 끄덕이었다.

"인제 다 났냐?"

"아직도……."

"그럼 누워 있어야지."

"하도 갑갑해서 나왔다. …… 참, 그날 재밌었어……. 그런데 그날 어디서 이런 물이 들었는지 잘 지지 않는다."

소녀가 분홍 스웨터 앞자락을 내려다본다. 거기에 검붉은 진흙물 같은 게 들어 있었다.

소녀가 가만히 보조개를 떠올리며,

"㉠ 그래 이게 무슨 물 같니?"

소년은 스웨터 앞자락만 바라다보고 있었다.

"내, 생각해 냈다. 그날, 도랑을 건너면서 내가 업힌 일이 있지? 그때, 네 등에서 옮은 물이다."

소년은 얼굴이 확 달아오름을 느꼈다.

갈림길에서 소녀는

"저, 오늘 아침에 우리 집에서 대추를 땄다. 낼 제사 지내려고……."

대추 한 줌을 내준다. 소년은 주춤한다.

"맛봐라. ㉡ 우리 증조할아버지가 심었다는데, 아주 달다."

소년은 두 손을 오그려 내밀며,

"참, 알도 굵다!"

"그리고 저, 우리 이번에 제사 지내고 나서 좀 있다 집을 내주게 됐다."

소년은 소녀네가 이사해 오기 전에 벌써 어른들의 이야기를 들어서, 윤 초시 손자가 서울서 사업에 실패해 가지고 고향에 돌아오지 않을 수 없게 되었다는 걸 알고 있었다. 그것이 이번에는 ㉢ 고향 집마저 남의 손에 넘기게 된 모양이었다.

"왜 그런지 난 이사 가는 게 싫어졌다. 어른들이 하는 일이니 어쩔 수 없지만……."

전에 없이, 소녀의 까만 눈에 쓸쓸한 빛이 떠돌았다.

소녀와 헤어져 돌아오는 길에, 소년은 혼잣속으로, 소녀가 이사를 간다는 말을 수없이 되뇌어 보았다. 무어 그리 안타까울 것도 서러울 것도 없었다. 그렇건만 ㉣ 소년은 지금 자기가 씹고 있는 대추알의 단맛을 모르고 있었다.

이날 밤, 소년은 몰래 덕쇠 할아버지네 호두밭으로 갔다.

낮에 봐 두었던 나무로 올라갔다. 그리고 봐 두었던 가지를 향해 작대기를 내리쳤다. 호두송이 떨어지는 소리가 별나게 크게 들렸다. 가슴이 선뜩했다. 그러나 다음 순간, 굵은 호두야 많이 떨어져라, 많이 떨어져라, 저도 모를 힘에 이끌려 마구 작대기를 내리치는 것이었다.

돌아오는 길에는 열이틀 달이 지우는 그늘만 골라 디뎠다. 그늘의 고마움을 처음 느꼈다.

불룩한 주머니를 어루만졌다. ㉢ 호두송이를 맨손으로 깠다가는 옴이 오르기 쉽다는 말 같은 건 아무렇지도 않았다. 그저 근동에서 제일가는 이 덕쇠 할아버지네 호두를 어서 소녀에게 맛보여야 한다는 생각만이 앞섰다.

그러다, 아차 하는 생각이 들었다. 소녀더러 병이 좀 낫거들랑 이사 가기 전에 한 번 개울가로 나와 달라는 말을 못 해 둔 것이었다. 바보 같은 것, 바보 같은 것.

이튿날, 소년이 학교에서 돌아오니, 아버지가 나들이옷으로 갈아입고 닭 한 마리를 안고 있었다.

어디 가시느냐고 물었다.

그 말에는 대꾸도 없이, 아버지는 안고 있는 닭의 무게를 겨냥해 보면서,

"이만하면 될까?"

어머니가 망태기를 내주며,

"벌써 며칠째 '걀걀' 하고 알 날 자리를 보던데요. 크진 않아도 살을 쪘을 거예요."

소년이 이번에는 어머니한테, 아버지가 어디 가시느냐고 물어보았다.

"저, 서당골 윤 초시 댁에 가신다. 제사상에라도 놓으시라고……."

"그럼 큰 놈으로 하나 가져가지. 저 얼룩수탉으로……."

이 말에, 아버지는 허허 웃고 나서,

"인마, 그래도 이게 실속이 있다."

소년은 공연히 열적어, 책보를 집어던지고는 외양간으로 가, 쇠잔등을 한 번 철썩 갈겼다. 쇠파리라도 잡는 체.

* 선뜩했다: 갑자기 놀라서 마음에 서늘한 느낌이 들었다.
* 옴: 옴벌레가 붙어서 일으키는 피부병. 몹시 가렵다.
* 근동: 가까운 이웃 동네.
* 겨냥해: 어림잡아 생각해.
* 망태기: 물건을 담아 들거나 어깨에 메고 다닐 수 있도록 만든 그릇.
* 공연히: 아무 까닭 없이.

개울물은 날로 여물어 갔다.

소년은 갈림길에서 아래쪽으로 가 보았다. 갈밭머리에서 바라보는 서당골 마을은 쪽빛 하늘 아래 한결 가까워 보였다.

어른들의 말이, 내일 소녀네가 양평읍으로 이사 간다는 것이었다. 거기 가서는 조그마한 가겟방을 보게 되리라는 것이었다.

소년은 저도 모르게 주머니 속 호두알을 만지작거리며, 한 손으로는 수없이 갈꽃을 휘어 꺾고 있었다.

그날 밤, 소년은 자리에 누워서도 같은 생각뿐이었다. 내일 소녀네가 이사하는 걸 가 보나 어쩌나. 가면 소녀를 보게 될까 어떨까.

그러다가 까무룩 잠이 들었는가 하는데,

"허, 참, 세상일도……."

마을 갔던 아버지가 언제 돌아왔는지,

"윤 초시 댁도 말이 아니야. ㉠ 그 많던 전답을 다 팔아 버리고, 대대로 살아오던 집마저 남의 손에 넘기더니, 또 악상까지 당하는 걸 보면……."

남폿불 밑에서 바느질감을 안고 있던 어머니가,

"증손이라곤 계집애 그 애 하나뿐이었지요?"

"그렇지. 사내애 둘 있던 건 어려서 잃어버리고……."

"어쩌면 그렇게 자식복이 없을까."

"글쎄 말이지. 이번 앤 꽤 여러 날 앓는 걸 약도 변변히 못 써 봤다더군. 지금 같아선 윤 초시네도 대가 끊긴 셈이지……. 그런데 참, 이번 계집앤 어린 것이 여간 잔망스럽지가 않아. 글쎄, 죽기 전에 이런 말을 했다지 않아? ㉢ 자기가 죽거든 자기 입던 옷을 꼭 그대로 입혀서 묻어 달라고……."

* 열적어: '열없어(쑥스럽고 부끄러워)'의 방언.
* 쇠잔등: '쇠등(소의 등)'의 잘못.
* 전답: 논과 밭.
* 악상: 사람이 수명을 다 누리지 못하고 젊어서 죽는 사고.
* 남폿불: 남포등(석유를 넣은 그릇의 심지에 불을 붙이고 겉에 유리를 끼운 등)에 켜 놓은 불.
* 증손: 손자의 자식.
* 변변히: 제대로 갖추어져 충분하게.
* 잔망스럽지: 얄밉도록 당돌하고 깜찍하지.

1 ㉠을 무엇이라고 하나요? | 어휘 |

① 손녀

② 손녀딸

③ 손자딸

④ 외손녀

⑤ 증손녀

2 ㉡과 ㉢를 통해 알 수 있는 소년의 마음은 무엇일까요? | 추론 |

① 소녀를 좋아한다.

② 소녀의 행동을 싫어한다.

③ 소녀에게 복수하려 한다.

④ 도시에 나가 살아보고 싶어 한다.

⑤ 소년은 하얀 조약돌을 좋아한다.

3 ㉣에 담긴 소년의 마음으로 가장 알맞은 것을 고르세요. | 추론 |

① 송아지를 탐낸다.

② 송아지를 사랑한다.

③ 소녀에게 잘 보이고 싶다.

④ 송아지를 못 타는 소녀를 놀리고 싶다.

⑤ 산에 가기 힘드니 송아지를 타고 가야겠다.

4 ㉤을 통해 알 수 있는 소녀의 상황은 무엇인가요? | 추론 |

① 소녀는 소년을 싫어한다.

② 소녀는 소년을 좋아한다.

③ 소녀는 소년에게 실망했다.

④ 소녀는 냄새를 맡지 못한다.

⑤ 소녀는 다른 것은 신경 쓸 겨를이 없을 정도로 너무 춥다.

5 소녀의 나이를 알 수 있는 낱말을 153쪽에서 찾아 쓰세요. |내용 파악|

_____

6 ㉂의 까닭을 찾으세요. |내용 파악|

① 소녀가 아파서.

② 소녀가 죽어서.

③ 소녀가 이사해 가서.

④ 소녀가 소년에게 실망해서.

⑤ 부끄러워 소녀가 소년을 피해 다녀서.

7 154쪽의 ㉮를 희곡으로 바꾸어 쓸 때 들어갈 지문으로 알맞은 것을 고르세요. |추론|

> 소녀: " (   ) 그래 이게 무슨 물 같니?"

① 따지듯이   ② 울먹이며   ③ 다정한 말투로

④ 한숨을 쉬며   ⑤ 걱정스러운 듯이

8 다음은 154쪽의 내용입니다. 인물의 마음이 잘 드러나지 <u>않은</u> 것을 고르세요. |추론|

① 소년은 얼굴이 확 달아오름을 느꼈다.

② "오늘 아침에 우리 집에서 대추를 땄다."

③ "왜 그런지 난 이사 가는 게 싫어졌다."

④ 소녀의 까만 눈에 쓸쓸한 빛이 떠돌았다.

⑤ 소년은 혼잣속으로, 소녀가 이사를 간다는 말을 수없이 되뇌어 보았다.

9 Ⓐ은 누구인가요? 본문에서 찾아 그대로 쓰세요. | 내용 파악 |

_____

10 작가는 왜 제목을 '소나기'라고 지었을까요? | 추론 |

① 소년과 소녀가 사랑하기도 전에 끝났기 때문에.

② 소나기를 맞아 소년이 병에 걸려 죽었기 때문에.

③ 소나기가 오던 날에 소년과 소녀가 처음 만났기 때문에.

④ 소년과 소녀의 사랑이 소나기처럼 짧고 강렬했기 때문에.

⑤ 소나기가 내리던 날에 소년과 소녀의 사랑이 끝났기 때문에.

11 ◎은 무슨 뜻인가요? | 어휘 |

① 고향 집을 남에게 팔았다.

② 고향 집을 남이 허물었다.

③ 고향 집의 수리를 남에게 맡겼다.

④ 고향 집에서 남과 함께 살게 되었다.

⑤ 고향 집이 있던 자리에 집을 새로 지었다.

12 ㉱의 까닭으로 가장 옳은 것은 무엇인가요? | 내용 파악 |

① 대추가 맛이 없다.

② 소년이 몸이 아프다.

③ 이사 가게 된 소녀가 불쌍하다.

④ 소녀가 이사 가게 되어 슬프다.

⑤ 호두를 딸 생각으로 머릿속이 가득 찼다.

13 ㉢에서 알 수 있는 소년의 마음으로 알맞은 것을 고르세요. |추론|

① 소녀를 무척 위하는 마음.

② 호두를 가졌다는 데서 오는 뿌듯함.

③ 남의 호두를 훔친 데서 오는 두려움.

④ 맨손으로 호두를 깔 수 있다는 자랑스러움.

⑤ 옴 같은 병쯤은 거뜬히 이겨낼 수 있다는 담대함.

14 ㉠과 가장 잘 어울리는 표현을 찾으세요. |표현|

① 어깨를 짓누르다   ② 뜬구름을 잡다   ③ 엎친 데 덮친다

④ 코가 납작해지다   ⑤ 애간장을 녹이다

15 소녀가 죽기 전에 ㉤처럼 말한 까닭으로 가장 알맞은 것을 고르세요. |추론|

① 증조할아버지가 사 준 옷이라서.

② 자신이 제일 좋아하는 옷이라서.

③ 소년이 제일 좋아하던 옷이라서.

④ 죽어서도 소년과의 추억을 간직하고 싶어서.

⑤ 수의(죽은 사람에게 입히는 옷)를 입기 싫어서.

16 이 글의 맨 끝부분, 부모님의 말씀을 들은 소년의 마음을 잘못 짐작한 사람은 누구인가요? |감상|

① 은희: 소녀의 죽음을 알고 가슴 아팠을 것 같아.

② 아름: 자신 때문에 병에 걸려 죽은 것 같아 자책감이 들었을 것 같아.

③ 선형: 아버지가 소녀네 집에 닭을 가져다준 걸 아까워 할 것 같아.

④ 재민: 자신의 흔적이 묻은 옷을 입은 채 묻어 달라는 말을 들어서 더욱 슬펐을 것 같아.

⑤ 정윤: 처음 만났을 때부터 적극적으로 소녀에게 다가가지 못한 아쉬움이 있었을 것 같아.

완전개정판

초등국어

6단계

독해력은 모든 학습의 기초!

독해력 비타민

정답과 해설

시서례 (주)

1회 백미의 유래 10~11쪽

1. 백미
2. (1) 흰 눈썹.
   (2) 여럿 가운데 가장 뛰어난 것, 또는 그런 사람.
3. ⑤
4. ④

3. ⑤ '백미(白: 흰 백 米: 쌀 미)'는 '흰쌀'의 뜻이다.

4. ④ '양잿물'은 서양을 뜻하는 '양'자와 '잿물'이 합쳐진 낱말로 두 낱말 모두 본래의 뜻을 유지하고 있다.

* 잿물: 볏짚이나 나무의 재를 우려낸 물. 빨래의 때를 빼는 데 쓴다.

2회 풍류 12~13쪽

1. ④
2. 멋스럽게 놀거나 멋을 즐길 줄 아는 것.
3. ②
4. ④

4. ④ '주': 경치 좋은 곳에서 술을 마시며 풍류를 즐겼다.
옛 선비들은 자연 속에서 '시서금주(詩書琴酒)'를 즐겼다. 시(詩)는 '시', 서(書)는 '글씨', 금(琴)은 '거문고', 주(酒)는 '술'을 뜻한다.

3회 에너지 14~15쪽

1. ④
2. ① ×   ② ×
   ③ ×   ④ ○
3. ③
4. ② 열   ③ 운동

4회 양성 모음과 음성 모음 16~18쪽

1. 양성 모음, 음성 모음
2. ④
3.

양성 모음		음성 모음
ㅏ, ㅗ	종류	ㅓ, ㅜ
밝다	느낌	어둡다
작다		크다

4. ③
5. (1) 쿵쿵   (2) 풍덩풍덩
   (3) 퍼덕퍼덕   (4) 퍼렇다
6. ②
7.

양성 모음	음성 모음
ㅏ, ㅑ, ㅗ ㅛ, ㅐ, ㅘ	ㅓ, ㅕ, ㅜ ㅠ, ㅔ, ㅟ

4. ③ '깡충깡충'은 모음 조화가 지켜지지 않은 낱말이다. 모음 조화를 지키려면 '깡총깡총'으로 써야 한다. 하지만 사람들이 '깡총깡총'보다 '깡충깡충'을 많이 사용해 이것을 표준어로 정했다.
이와 같이 모음 조화가 지켜지지 않은 낱말에는 '대굴대굴, 오뚝이' 등이 있다.

1. 광고
2. ① ○
   ② ○
   ③ ○
   ④ ×
   ⑤ ×

3.
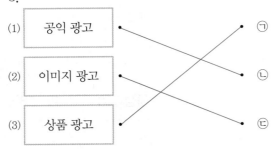

(1) 공익 광고   ㉠
(2) 이미지 광고   ㉡
(3) 상품 광고   ㉢

4. ㉠ 과장   ㉡ 허위
5. ④
6. ⑤

6. ⑤는 국민 전체의 이익을 위해 만든 공익 광고다. 사실을 부풀리는 내용은 담기지 않았다.

1. ②
2. 무역, 보호, 자유
3. ③
4. (1) 다른 나라에서 수입해 오는 물품에 붙는 세금.
  (2) (비슷한 상품을 생산하는) 국내의 기업을 보호하려고.
5. ③
6. 자유 무역 협정(FTA)
7. ③

7. ① 국제 연합: 세계 평화와 안전 보장을 위해 만든 국제기구.
② 세계 보건 기구: 보건·위생 분야의 국제 협력을 위해 설립한 국제기구.
④ 국제 금융 기구: 세계 각국의 경제적 어려움을 해결하고 경제적 개발을 돕기 위해 만든 국제기구.
⑤ 경제 협력 개발 기구: 세계 경제의 협력을 위해 만들어진 국제기구.

7회 헌법 25~27쪽

1. ①
2. 민주 공화국
3.

대한민국 헌법	총칙	대한민국은 민주 공화국임을 밝혀 놓았다.
	기본권	국민이 가지는 기본적인 권리를 정해 놓았다.
	통치 구조	국회, 정부, 법원이 하는 일을 정해 놓았다.

4. ②
5. ②
6. 헌법, 국민, 국회, 9, 제헌절

4. ①, ③은 자유권에 관한 내용이다. 자유권은 원하는 직업이나 종교를 갖고, 원하는 곳에 살 수 있는 등 자유롭게 행동할 수 있는 권리다.
④ 사회권에 관한 내용이다. 사회권은 인간다운 삶을 위하여 필요한 사회적 보장책을 국가에 요구할 수 있는 권리다. 교육을 받을 권리, 근로의 권리, 사회 보장을 받을 권리, 쾌적한 환경에 살 권리 등이 있다.
⑤ 청구권에 관한 내용이다. 청구권은 권리가 침해되었을 때 국가에 대해 일정한 요구를 할 수 있는 권리다. 헌법에 명시된 청구권에는 '재판 청구권, 청원권, 국가 배상 청구권, 형사 보상 청구권, 범죄 피해자 구조 청구권' 등 다섯 가지가 있다.

5. ② 참정권에 관한 내용이다. 참정권은 국민이 국가의 의사 결정에 참여할 수 있는 권리다. 선거권, 국민 투표권 등이 있다.

8회 이슬람교 28~30쪽

1. 기독교, 이슬람교, 불교
2. 메카
3. (1) 알라
   (2) 마호메트
   (3) 코란
   (4) 무슬림
   (5) 회교
4. ④
5. ③

1. 신도 수는 힌두교가 불교보다 훨씬 많다. 하지만 힌두교는 특정 국가(인도)에만 국한된 종교이기 때문에, 세계 3대 종교라고 하면 기독교, 이슬람교, 불교를 꼽는다.

5. ③ 마호메트는 알라 앞에서는 누구나 평등하다고 주장했다. 이는 당시 신분 질서를 위협하는 내용이었기 때문에 귀족들은 마호메트와 이슬람교를 탄압했다.

9회 해파리로 인한 피해   31~33쪽

1. ⑤
2. ③
3. ①
4. ②
5. ③

2. ③ 생태계는 '먹이 연쇄'라고 불리는 먹고 먹히는 관계에 있다. 이때 먹는 생물을 '포식자', 먹히는 생물을 '피식자'라고 한다.

3. ① 무분별하게: 옳은지 그른지 조금도 헤아리지 않게.

5. ③ '누가, 언제, 어디에서, 무엇을, 어떻게, 왜'의 여섯 가지를 '육하원칙'이라고 한다. 보도문이나 기사문을 쓸 때 지켜야 하는 기본 원칙이다. 육하원칙을 지켜 쓰면 글을 좀 더 정확하고 자세하게 쓸 수 있다.
이밖에 기사문이 갖추어야 할 조건으로 '읽는 이의 관심을 끌 만한 내용이어야 하고, 읽는 이가 내용을 이해하기 쉽도록 문장이 간결해야 한다' 등이 있다.

10회 두레, 품앗이, 향약   34~37쪽

1. 상부상조
2. (1) 추수
   (2) 모내기
   (3) 김매기
3.

	두레	품앗이
공통점	③, ⑤	
차이점	②, ④	①, ⑥

4. ①
5. ④
6. ③
7. ②
8.

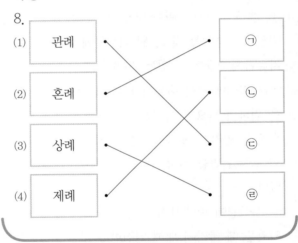

7. ② 아무리 쉬운 일이라도 서로 힘을 합하면 훨씬 쉽다는 뜻.
① 혈육(부모와 자식, 형제, 자매처럼 한 핏줄을 가진 사람)의 정은 다른 어떤 것보다 깊다는 뜻.
③ 잘될 거라고 믿었던 일이 틀어지거나, 믿었던 사람이 배신하여 해를 입게 된 경우를 비유적으로 이르는 말.
④ 자그마한 나쁜 일도 자꾸 해서 버릇이 되면 나중에는 큰 죄를 저지르게 된다는 뜻.
⑤ 원인에 따라서 결과가 생긴다는 것을 비유적으로 이르는 말.

11회 백색 식품 38~41쪽

1. ②
2. ①
3. 탄수화물
4. ④
5. 성인병
6. (1) 배유   (2) 배아   (3) 표피
7. ③
8. ①
9. (1) 지방   (2) 단백질   (3) 탄수화물

---

7. ③ 흰 소금(재제염, 꽃소금)은 천일염(바닷물을 햇볕과 바람에 증발시켜 만든 소금)을 정제·가공하여 만든 것이다. 이 과정에서 우리 몸에 필요한 영양분은 거의 제거되고 염화나트륨만 남게 되었다. 이것을 많이 먹으면 인체의 생리 작용에 교란 현상이 일어날 수 있다.

* 정제: 섞여 있는 다른 물질을 없애서 본래 물질을 더 깨끗하게 만드는 것.

* 가공: 원래의 재료에 기술과 힘을 들여 다른 제품으로 만드는 것.

8. ① 백설탕은 정제 과정에서 영양소가 많이 없어진다. 하지만 흑설탕은 정제 전의 설탕 상태라 무기질과 비타민이 많이 포함되어 있다. 백설탕보다 칼로리가 낮지만, 많이 먹으면 살이 찌기 쉽고 건강에 해로울 수 있다.

12회 아테네와 스파르타 42~45쪽

1. 아테네, 스파르타
2. ⑤
3. 폴리스
4. ⑤
5. 민회
6.

아테네	공통	스파르타
2, 4, 5	6, 7	1, 3, 8

7. ①
8. ㉠ 직접 민주 정치   ㉡ 간접 민주 정치
9. ②

---

9. ① 경보: 빨리 걷기를 겨루는 육상 경기.
③ 장대높이뛰기: 장대(긴 막대기)를 이용해 높은 가로대를 뛰어넘는 운동 경기.
④ 멀리뛰기: 한 지점에서 뛰어오르며 멀리 뛰어간 거리로 승패를 겨루는 육상 경기.
⑤ 장애물 달리기: 일정한 간격으로 배치된 장애물을 뛰어넘으며 달리는 경기.

1. ⑤
2. ① ○
   ② ○
   ③ ×
   ④ ○
   ⑤ ×
3.

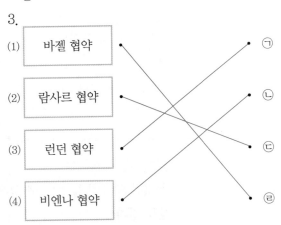

(1) 바젤 협약
(2) 람사르 협약
(3) 런던 협약
(4) 비엔나 협약

㉠
㉡
㉢
㉣

4. 유전자, 생물종, 생태계
5. ①
6. ④
7. 바젤 협약
8. 생물 다양성 협약

1. ④
2. ①
3. 글리제 581d
4. (2) 그린벨트
   (3) 골디락스 지대
5. (1) ○
   (2) ×
   (3) ×
   (4) ○
   (5) ○
   (6) ○
6. (1) 표면이 흙과 바위로 이루어져야 한다.
   (2) 액체 상태의 물이 있어야 한다.
7. 지구
8. ②
9. 행성, 외계 행성, 생명체
   외계 행성 탐색 시스템

1. ⑤ 간척: 바다나 호수를 둘러막고, 그 안에 흙을 메
   워 육지로 만드는 것.

8. 생물 다양성 협약은 생물의 다양성 보호를 위해 국
   제적 대책을 마련하고 관련 국가 간의 권리와 의무
   관계를 규정한 국제 협약이다. 그리고 이 협약을 이
   행하고자 하는 것이 바로 '나고야 의정서'다. 나고야
   의정서는 생물자원에서 얻어지는 이익을 어떻게 공
   정하게 나눌 것인가에 대한 내용을 담고 있다. 이
   는, 다른 나라의 생물자원으로 의약품이나 화장품
   을 만들어 생기는 이익을 생물자원을 제공한 나라
   와 나눠야 한다는 국가 간의 약속이다.

15회 지구의 기체 54~57쪽

1. 광합성
2. 탄산음료
3. ②
4.

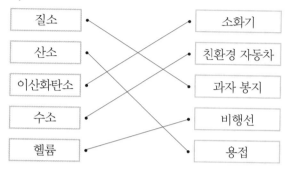

5. ②
6. 99
7. ④
8. (1) 산소
   (2) 이산화탄소

8. (1) 산소는 철이나 구리와 같은 금속을 녹슬게 하는 성질이 있다.
   (2) 이산화탄소는 온실 효과를 일으키는 대표적인 기체다.

16회 경제 성장 58~61쪽

1. ④
2. ⑤
3. ②
4. ① ○
   ② ×
   ③ ○
   ④ ×
   ⑤ ○
   ⑥ ○
5.

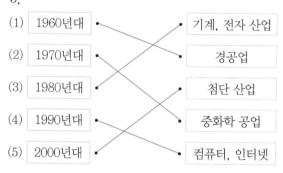

6. ④

2. ① 임진왜란: 1592부터 1598년까지 두 차례에 걸쳐 우리나라에 침입한 일본과의 싸움.
   ② 한국 전쟁: 1950년 6월 25일 북한군이 38도선을 넘어 남한을 침략하면서 일어난 전쟁.
   ③ 러일 전쟁: 1904~1905년 만주와 한국의 지배권을 두고 러시아와 일본 사이에 일어난 전쟁.
   ④ 청일 전쟁: 1894~1895년 조선의 지배를 둘러싸고 중국(청)과 일본 사이에 벌어진 전쟁.

1. ②
2. ④
3. (1) 동해안
   (2) 바위
   (3) 빙하
   (4) 화석
4. 지진 해일
5. ⑤
6.

7. 일본

1. ⑤
2. ②
3. ③
4. 신재생 에너지
5. ①
6. ㉢
7. ④

4. * 수소에너지: 수소 형태로 에너지를 저장하고 사용하는 대체에너지. 수소는 연소시켜도 산소와 결합해 다시 물로 변하므로 배기가스로 인한 환경오염의 염려가 없다.
* 연료 전지: 연료를 사용하여 전기를 만들어 내는 장치.

7. ① 세계 보건 기구: 보건·위생 분야의 국제 협력을 위해 설립한 기구.
② 국제 평화 기구: 국제 사회의 평화와 질서를 보호하기 위하여 만든 기구.
③ 핵 확산 금지 조약: 핵무기를 갖고 있지 않은 나라가 핵무기를 갖는 것을 금지하고, 핵무기를 가진 나라는 그렇지 않은 나라에 핵무기 넘겨주는 것을 금지하는 조약.
⑤ 경제 개발 협력 기구: 경제 발전과 세계 무역 촉진을 위해 만든 기구.

1. 온난화, 발자국
2. 이산화탄소 같은 온실가스가 지구를 둘러싸서, 대기의 열이 지구 밖으로 배출되지 못해 기온이 높아지는 것.
3. 탄소 발자국
4. ③
5. ①
6. ④
7. ③
8. ②
9. ④
10. ④
11. 환경성적표지, 이산화탄소, 저탄소

8. ② 태양 전지는 태양의 빛에너지를 전기 에너지로 전환하는 장치다. 태양 전지는 고갈될 염려가 없을 뿐 아니라 이산화탄소 배출이 없는 친환경 에너지다(단, 태양 전지를 만드는 공정에서는 이산화탄소를 배출한다).

9. ⑤ 지구 온난화는 생태계의 변화를 가져오는 등 사람과 자연에 많은 영향을 준다. 가뭄, 홍수 등이 발생하며, 극지방의 얼음이 녹아 북극곰이 살기 어려워지고, 바닷물의 높이가 높아져 지대가 낮은 나라들은 물에 잠기는 등 자연재해 발생률이 증가한다. 이 밖에도 해충과 질병의 발생률을 높이기 때문에 농작물의 수확량이 줄어들 것이며, 더 많은 사람이 질병으로 고통받을 수 있다.

1. 인디언 추장(시애틀)
2. 프랭클린 피어스
3. ④
4. 이 땅의 동물들을 형제처럼 대해야 한다.
5. ②
6.

자연물	비유
땅	어머니
꽃	자매
동물, 강	형제
물	조상들의 피

7. ③
8. ②
9. 인디언의 관점: ㉠, ㉢, ㉤
   백인의 관점: ㉡, ㉣, ㉥
10. ③

21회 나의 소원 80~85쪽

1. ④
2. ⑤
3. 공상
4. ③
5. ①
6. [가] 자주독립
   [나] 자유
   [다] 문화
7. ㉣ 인의, 자비, 사랑
   ㉤ 문화
   ㉥ 문화
   ㉦ 문화
8. ②

1. ① 안중근: 독립운동가로 삼흥학교를 세우는 등 인재 양성에 힘썼다. 만주 하얼빈에서 이토 히로부미(우리나라를 일본의 식민지로 만드는 데 중심 역할을 한 사람)를 총으로 쏴 살해했다. 이후 중국 감옥으로 연행되어 사형 선고를 받았다.
② 안창호: 독립운동가. 독립협회(자주독립과 개혁을 주장한 정치 사회 단체), 신민회(일제에 반대하여 국권 회복을 목적으로 만든 비밀 결사 단체), 흥사단(미국에서 조직한 민족 운동 단체) 등에서 활발하게 독립운동 활동을 하였다.
③ 서재필: 독립운동가. 독립협회를 만들고 독립신문을 창간했다.
⑤ 윤봉길: 독립운동가. 일본 왕의 생일날, 축하 행사장에 폭탄을 던져 일본군 대장을 죽이고 현장에서 체포되어 총살되었다.

22회 빌 게이츠 86~91쪽

1. ⑤
2. 윈도즈
3. ③
4. ④
5. ①
6. 프로그램, 중퇴, 마이크로소프트, 윈도즈, 빌 앤 멜린다 게이츠
7. ②
8. ③
9. ①
10. ④

9. ① 폴 앨런: 빌 게이츠와 함께 마이크로소프트를 설립한 공동 창업자.
② 워런 버핏: 미국의 사업가이자 투자가.
④ 스티븐 호킹: 영국의 물리학자. 루게릭병에 걸렸지만, 장애를 극복하고 우주에 관한 새로운 이론을 내놓았다.
⑤ 스티븐 스필버그: 미국의 영화감독. 〈조스〉, 〈E.T〉, 〈쥐라기 공원〉 등 많은 작품을 만들었다.

10. ① 엘리트: 사회에서 우수한 능력이 있거나, 높은 지위에 있어 사회를 이끄는 사람.
② 페미니스트: 사람은 성별에 상관없이 사회·경제·정치적으로 동등하다는 신념을 지니고 실천하는 사람.
③ 휴머니스트: 인간다운 따뜻한 인정이 있는 사람.
⑤ 노블레스 말라드: 프랑스어로 '병들고 부패한 귀족'이라는 뜻으로, 기득권 세력이 부정부패를 저지르는 행위를 말한다.

1. ②
2. ⑤
3. ①
4. 전주 화약
5. ③
6. ④
7. 전주성
8. ④
9. 6 → 3 → 4 → 5 → 1 → 2
10. ②

1. ④
2. ①, ④
3. 전래 동요
4. 양식, 돈, 부엉, 걱정

2. ⑤ 외세: 외국의 세력.

8. ④ 톈진 조약은 청과 일본 사이에 맺어진 약속이다. 그 내용 중에 '조선에서 중요한 사건이 발생하여 청일 두 나라 또는 어느 한 나라가 군대를 보낼 때는 먼저 문서로 연락하고, 사태가 진정되면 군대를 철수할 것'이 있다.

10. ① 만적의 난: 고려 때, 노비 만적이 중심이 되어 일으키려 했던 노비 해방 운동. 만적과 노비들은 궁궐로 몰려가 궁중 노비들과 난을 일으키려 했으나, 동료의 배신으로 들통나는 바람에 성공하지 못했다.
③ 이자겸의 난: 고려 때 왕실의 외척(어머니 쪽의 친척)이었던 이자겸이 왕위를 빼앗으려고 일으킨 반란.
④ 진주 농민 봉기: 조선 시대에, 경상도 진주에서 관리들의 횡포에 저항하며 농민들이 일으킨 봉기.
⑤ 망이·망소이의 난: 고려 시대에 망이와 망소이가 과도한 부역(나라나 관청에서 보수 없이 강제로 시키는 노동)과 차별 대우에 항의하며 일으킨 농민 봉기.
* 봉기: 떼 지어 날아 나오는 벌떼처럼 사람들이 곳곳에서 일어나는 것.

3. 전래 동요는 어린이들이 부르는 노래라서 대부분 즐거운 내용을 담고 있다. 이 작품도 서민들의 고달픈 현실을 노래하고 있지만 우울하지 않고 재미있게 표현하였다.

1. 길
2.

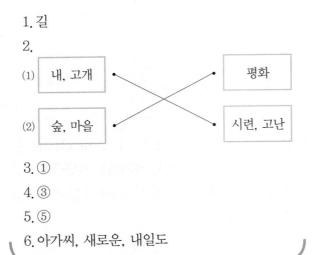

(1) 내, 고개 ——— 평화

(2) 숲, 마을 ——— 시련, 고난

3. ①
4. ③
5. ⑤
6. 아가씨, 새로운, 내일도

3. ① 이 시에서 '길'은 인생을 비유하고 있다. 말하는 이는 늘 가는 길을 '새로운 길'이라고 말한다. 이는 날마다 새로운 마음으로 살아가고자 하는 미래 지향적인 의지를 보여 준다.

1. ②
2. ③
3. 은덕
4. ②
5. ①
6. ⑤

4. ② ㉡이 가리키는 것은 '효도'다.

5. 이 글은 시조다. 시조는 초장, 중장, 종장의 3행으로 되어 있다. [가]시의 초장·중장·종장은 다음과 같다.

초장: 어버이 날 낳으셔 어질과저 길러 내니

중장: 이 두 분 아니시면 내 몸 나서 어질소냐

종장: <u>아마도</u> 지극한 은덕을 못내 갚아 하노라

↳ 종장의 첫 부분은 세 글자로 시작한다.

1. 소년
2. ③
3. 하늘, 얼굴
4. ④
5. ②
6. 가을, 단풍, 하늘, 파란, 눈썹, 강물, 순이

28회 진달래꽃 106~107쪽

1. 진달래꽃
2. ③
3. ④
4. ①
5. ⑤

2. ③ 김소월의 〈진달래꽃〉은 4연 12행으로 이루어졌다. 사랑하는 사람과 이별의 상황을 가정하여 내용을 전개하고 있다. 3음보의 율격과 '−우리다'의 반복을 통해 리듬감(운율)을 만들었다.
운율을 이루는 요소로 음보와 음수가 있다. 음보는 '쉬어 읽기'로, 일정 길이를 규칙적으로 쉬어 읽어 운율을 만든다. 음수는 '글자의 수'로, 글자 수를 반복하여 운율을 이룬다.
〈진달래꽃〉은 3음보의 음보율과 7글자/5글자(7·5조)의 음수율을 보이고 있다. (/: 음보, 밑줄: 음수)

> 예 <u>나 보기가/ 역겨워/ 가실 때에는</u>
>   7글자   5글자
>
>   <u>죽어도/ 아니 눈물/ 흘리오리다</u>
>   7글자   5글자

29회 목걸이 108~113쪽

1. 목걸이
2. 사치
3. ④
4. ③
5. ⑤
6. ②
7. ②
8. ①
9. ③
10. ①
11. ④
12. 마틸드, 다이아몬드, 목걸이, 10, 가짜

8. ① 잔느에게 빌린 목걸이가 가짜 다이아몬드였다는 걸 알았을 때, 마틸드는 슬픔, 허무함, 억울함, 황당함 등의 감정을 느꼈을 것이다. 가짜 다이아몬드를 진짜로 알고, 지난 10년 동안 목걸이 값을 갚느라 온갖 고생을 했기 때문이다.

9. ③ 이 작품은 인간의 허영심에서 비롯된 시련을 통해 삶이 얼마나 달라질 수 있는지 보여 주고 있다.

11. ① 좋은 약은 입에 쓰다: 자기에게 이로운 충고는 귀에 거슬린다는 뜻.
② 소 잃고 외양간 고친다: 이미 일이 잘못된 뒤에는 후회하고 손을 써도 소용이 없다는 말.
③ 믿는 도끼에 발등 찍힌다: 잘될 거라고 믿었던 일이 잘못되거나, 믿었던 사람이 배신하여 해를 입게 되는 경우를 비유적으로 이르는 말.
⑤ 오르지 못할 나무는 쳐다보지도 마라: 불가능한 일은 일찌감치 단념하라는 말.

1. ②
2. ①
3. ① ×
  ② ×
  ③ ×
  ④ ○
  ⑤ ○
4. ②
5. 사람을 (쇠사슬로 묶어) 사고파는 일.
6. ③
7. ⑤
8. ④
9. ⑤
10. ②

1. ② 이 글은 미국 켄터키에서 농장을 경영하던 셀비 씨네 집에서 시작한다.

1. ①
2. ㉠ 인기척
  ㉢ 모성애
3. ③
4. ④
5. ②
6. ⑤
7. ④
8. ①
9. ⑤
10. ④
11. ③ → ① → ⑤ → ② → ④
12. ②

5. ② '해'는 어둠을 밝혀 주는 것으로 '밝음', '희망' 등을 상징한다.

8. ① 자니가 한 말을 통해 다른 사람을 불쌍하고 가엾게 생각할 줄 아는 성격임을 엿볼 수 있다.

10. ④ 〈가난한 사람들〉은 가난하지만 감사할 줄 알며, 소외된 이웃의 아픔을 돌아볼 줄 아는 따뜻한 마음을 지닌 자니 부부의 이야기다.

1. ⑤
2. 홍길동
3. ⑤
4. ①
5. ④
6. ④
7. ②
8. ③
9. 활빈당
10. ②

5. ④ '소자'는 부모에게 자기를 낮추어 이르는 말이다.
② 길동은 양반인 아버지와 몸종인 어머니 사이에 태어난 '서자'이기 때문에 아버지를 '대감'이라고 불렀다.

6. ④ 호부호형: 아버지를 아버지라 부르고 형을 형이라 부름.
① 일거양득: 한 가지 일로써 두 가지 이익을 얻는다는 뜻.
② 역지사지: 상대편의 처지에서 생각해 봄.
③ 부자유친: 부모는 자식에게 인자하고, 자녀는 부모에게 존경과 섬김을 다하라는 뜻.
⑤ 호형호제: 서로 형이니 아우니 부른다는 뜻으로, 매우 가까운 친구 사이를 표현한 말.

1. ①
2. 경찰관
3. ②
4. ②
5. ④
6. 빅 조 브래디
7. ④
8. (1) 들창코 (2) 매부리코
9. ①
10. ④
11.

지미	1, 3, 5
밥	2, 4, 6

12. 키 큰 사나이
13. ⑤
14. ④ → ② → ⑥ → ⑤ → ①

4. ② 도둑이 제 발 저리다: 지은 죄가 있으면 그것이 폭로될까 두려워서 마음이 조마조마해진다는 말.
① 방귀 뀐 놈이 성낸다: 자기가 잘못하고서 오히려 남에게 화를 내는 경우를 이르는 말.
③ 가는 말이 고와야 오는 말이 곱다: 자기가 남에게 말이나 행동을 좋게 해야 남도 자기에게 좋게 한다는 말.
④ 목구멍이 포도청: 먹고살기 위해서라면 범죄나 체면에 어긋나는 일까지도 하게 된다는 말.
⑤ 똥 묻은 개가 겨 묻은 개 나무란다: 자기는 더 큰 흉이 있으면서 오히려 남의 작은 흉을 본다는 말.

34회 마지막 수업 143~150쪽

1. 프란츠
2. ②
3. ⑤
4. ②
5. ④
6. ③
7. ②
8. ③
9. ①
10. ④
11. ⑤
12. ④
13. (2)

35회 소나기 151~160쪽

1. ⑤
2. ①
3. ③
4. ②
5. 5학년
6. ①
7. ③
8. ②
9. 윤 초시
10. ④
11. ①
12. ④
13. ①
14. ③
15. ④
16. ③

7. ③ 소녀는 소년에게 더러운 물이 들었다고 화가 난 게 아니라, 소년에게 업혔던 일을 떠올리게 하는 기분 좋은 것으로 받아들이고 있다.

13. ① 소년은 호두송이를 맨손으로 까면 옴에 걸리기 쉽다는 걸 알고 있다. 하지만 소녀에게 좋은 호두를 맛보이기 위해서라면 자신은 옴에 걸려도 좋다는 소년의 태도에서 소녀를 좋아한다는 것을 엿볼 수 있다.

14. ③ 엎친 데 덮친다: 어렵거나 나쁜 일이 겹쳐 일어나다.
① 어깨를 짓누르다: 의무나 책임, 제약 따위가 중압감을 주다.
② 뜬구름을 잡다: 막연하거나 허황된 것을 좇다.
④ 코가 납작해지다: 창피를 당해서 기가 죽다.
⑤ 애간장을 녹이다: 마음을 몹시 애타게 하다.

독해력 비타민